Bruno Gideon · **Nicht auf meine Kosten!**

Bruno Gideon bei Oesch:

Die kleine Denkfabrik für Manager
365 starke Gedanken
2. Auflage

Die Mokassins des Indianers
Sich durchsetzen, ohne zu verletzen
Erfolgreiche Strategien für Beruf und Alltag
5. Auflage

In Ihrer Buchhandlung

Bruno Gideon

Nicht auf meine Kosten!

So wehren Sie sich erfolgreich gegen Zurücksetzung, Aggression und Ausnutzung

Oesch Verlag

Die Deutsche Bibliothek – CIP-Einheitsaufnahme

Gideon, Bruno:
Nicht auf meine Kosten! : so wehren Sie sich erfolgreich
gegen Zurücksetzung, Aggression und Ausnutzung / Bruno Gideon. –
Zürich : Oesch, 2001
ISBN 3-85833-586-X

Satz: Oesch Verlag
Druck und Bindung: Wiener Verlag, Himberg

ISBN 3-85833-586-X

Gern senden wir Ihnen unser Verlagsverzeichnis:
Oesch Verlag, Jungholzstraße 28, 8050 Zürich
E-Mail: info@oeschverlag.ch
Telefax 0041/1 305 70 66 (CH: 01/305 70 66)

Unser Programm finden Sie im Internet unter:
www.oeschverlag.ch

Inhalt

Vorwort

Wird Ihre Meinung nicht ernst genommen?
Kommt es vor, daß andere Menschen Entscheidungen für Sie treffen?
Können Sie nicht nein sagen und werden immer wieder ausgenutzt?
Haben Sie Minderwertigkeitsgefühle?
Sagen Sie ab und zu: Das lasse ich mir nicht länger gefallen?
Haben Sie das Gefühl, in einer feindlichen Umwelt zu leben?
Haben Sie oft Angst vor Autoritäten?

Wenn Sie einige dieser Fragen bejahen, sind Sie mit großer Wahrscheinlichkeit ein liebenswürdiger Mensch, der aus einem inneren Bedürfnis heraus zu seinen Mitmenschen nett, gefällig und hilfsbereit ist. Und was soll daran falsch sein? Eigentlich nichts, vorausgesetzt, daß Sie dies wirklich so wollen. Vielleicht aber ärgern Sie sich darüber, daß über Ihren Kopf hinweg entschieden wird, daß andere in Ihren Schuhen stehen, daß Ihre Meinung einfach vom Tisch gewischt und nicht ernst genommen wird. Dann kann dieses Buch wichtig für Sie werden, denn es zeigt Ihnen, wie Sie Ihrer wahren Persönlichkeit zum Durchbruch verhelfen und selbstbewußter auftreten können. Es zeigt Ihnen vor allem, wie Sie Ihr Selbstvertrauen verbessern können, denn darin liegt das ganze Geheimnis erfolgreicher Menschen. Gesunder Egoismus ist angesagt.

Wenn Ihr Selbstvertrauen stabiler wird, verändert sich automatisch Ihre Ausstrahlung, und Sie werden von Ihrer Umwelt plötzlich ganz anders wahrgenommen. Ich zeige Ihnen Schritt für Schritt, wie Sie vorgehen können, denn Selbstvertrauen kann erworben werden. Dieses Buch weist Ihnen den Weg. Es macht Sie unabhängig, zeigt Ihnen, wie Sie die Führung übernehmen können, ohne Konflikte zu schaffen, und verhilft Ihnen zu einem sichereren Auftreten. Gesundes Selbstvertrauen ist der Schlüssel zum Erfolg. Lernen Sie, Ihre Interessen zu vertreten, sich von anderen unabhängig zu machen und Entscheidungen nach *Ihrem Willen* zu treffen, ohne Einmischung von außen.

Nicht auf meine Kosten! werden Sie in Zukunft sagen können, und Sie werden frei sein, so zu entscheiden, wie es für Sie richtig ist.

Dieses Buch ist so angeordnet, daß Sie die einzelnen Schritte gut nachvollziehen können. Es ist nicht nötig, daß Sie es von vorne bis hinten durchlesen. Suchen Sie sich zuerst das Kapitel aus, das Sie am meisten interessiert, und lesen Sie die anderen Kapitel später. Zum besseren Verständnis der Grundlagen empfehle ich Ihnen, das erste Kapitel, »Kick mich«, zuerst zu lesen.

Hier eine Übersicht über die einzelnen Kapitel:

Kapitel 1 trägt den etwas provozierenden Titel *»Kick mich«*. Ich gehe hier den Gründen nach, weshalb wir oft nicht das tun, was wir tun möchten, weshalb wir uns manipulieren lassen und weshalb wir Dinge tun, die unseren Interessen zuwiderlaufen.

Kapitel 2, vielleicht das wichtigste, handelt vom *Selbstvertrauen*. Ein gesundes Selbstvertrauen ist das entscheidende Element, wenn Sie sich von anderen Menschen nicht manipulieren lassen wollen. Das Kapitel beginnt mit einem spielerischen Test, mit dem Sie Ihr Selbstvertrauen überprüfen können. Vor allem aber beschreibt es die Gefahren, die es schädigen, und zeigt Wege auf, wie Sie es nachhaltig verbessern können.

Kapitel 3 zeigt *Möglichkeiten* auf, wie Sie aus der Sackgasse voller Konflikte herausfinden, in welche Sie negative Ereignisse in Ihrer Jugendzeit gestürzt haben. Es hilft Ihnen, aus der damals entstandenen Negativ-Spirale herauszukommen.

Kapitel 4 trägt den Titel dieses Buches: *Nicht auf meine Kosten!* Wer aus eigener Erfahrung weiß, wie es ist, wenn man sich ausnützen läßt, kommt irgendwann zur Überzeugung, daß es so nicht weitergehen kann. Dann sagen wir: »Genug ist genug« und nehmen uns vor, die Situation zu verändern. Leider hält dieser Wunsch nicht lange an und unsere verlaufen schließlich im Sand, weil wir innerlich nicht vorbereitet sind. Dieses Kapitel zeigt, wie Sie diesen Schritt erfolgreich bewältigen können.

Kapitel 5 stellt unter dem Titel »*Hilfreiche Therapiemöglichkeiten*« traditionelle und moderne Verfahren für den Abbau von psychischen Belastungen vor. Wählen Sie aus der Fülle von Möglichkeiten die Methode, die Ihnen zusagt.

Kapitel 6 ist spannenden *Fallbeispielen aus der Praxis* gewidmet, denn schließlich soll in diesem Buch nicht nur die Theorie, sondern auch die Praxis zur Sprache kommen. Hier können Sie nachlesen, wie andere Menschen sich von Abhängigkeiten befreien konnten und weshalb sie heute sagen können: *Nicht auf meine Kosten!*

Ich wünsche Ihnen viel Erfolg!

KAPITEL 1

Kick mich!

Erinnern Sie sich? Kinder spielen manchmal grausame Spiele. Vielleicht haben Sie das selbst erlebt. Ein Kind tut so, als würde es einem anderen Kind auf die Schulter klopfen, klebt ihm aber in Tat und Wahrheit einen Zettel mit der Aufschrift »Kick mich« an den Rücken, eine Einladung an andere Kinder, es zu treten und auszulachen. Solch ein Zettel hängt auch am Rücken von manchen Erwachsenen, natürlich unsichtbar und sinnbildlich. Er gibt Zeugnis von starken Erlebnissen aus unserer Kindheit oder aus unserem späteren Leben, die sich tief in unser Unbewußtsein eingegraben haben. Oft sind wir uns dessen überhaupt nicht bewußt.

Heute spielt es keine Rolle mehr, wer damals dieses Zeichen an Ihren Rücken geklebt hat. Entscheidend ist, daß er da ist, für viele unserer privaten und geschäftlichen Bekannten deutlich erkennbar oder zumindest unbewußt wahrnehmbar. Vielleicht hat sich der Text verändert, und es steht heute nicht mehr »Kick mich« darauf, sondern »Ich bin schuld« oder »Das kann ich nicht«, vielleicht auch »Das darf ich nicht«, »Niemand hat mich gern« oder irgendeine andere Inschrift aus einer unendlichen Auswahl von Möglichkeiten.

Der Kick-mich-Zettel

Es gibt so viele Kick-mich-Zettel, wie es Menschen gibt. Wir alle tragen einen Zettel mit uns herum; er ist das Resultat der starken Einflüsse durch Eltern und Erzieher in unseren ersten Lebensjahren. Heute wissen wir, wie außerordentlich groß deren Einfluß war.

> *Wer unter der Autorität eines*
> *Kick-mich-Zettels steht,*
> *verliert oft den freien Willen,*
> *seine eigenen Interessen zu verfolgen.*

Daß dies zu Konflikten führen muß, leuchtet ein.

Die Biographie von Montgomery Clift, dem berühmten Schauspieler aus den 50er Jahren, ist ein interessantes Beispiel dafür. Geboren als Sohn eines weichherzigen Vaters und einer beherrschenden Mutter, wuchs er in einer isolierten Umwelt auf. Er wurde daheim von seiner Mutter und von Privatlehrern unterrichtet und besuchte nie eine öffentliche Schule. Wegen dieser Isolation lernte er nie, normale Kontakte mit anderen Menschen aufzubauen. Clift blieb trotz seiner schauspielerischen Erfolge ein Einzelgänger. Seine Karriere als Schauspieler begann im Alter von 13 Jahren mit einem Theaterstück am Broadway; es folgten mehrere Filme, die ihn zum Weltstar machten. Montgomery Clift wurde zeitlebens von zwei großen

Problemen gepeinigt: von der Haßliebe zu seiner Mutter und seiner Homosexualität, zu der er nie stehen konnte. Beim Lesen seiner Biographie wird klar, daß auf seinem Kick-mich-Zettel gestanden haben muß: »Niemand liebt mich«, denn nur so ist zu erklären, daß sein ganzes Leben ein erfolgloses Betteln um Liebe war. Er muß ein sehr einsamer und unglücklicher Mensch gewesen sein. Auch eine mehrjährige Psychotherapie konnte seinen Kick-mich-Zettel nicht neutralisieren, zu stark war seine Macht. Er wurde Alkoholiker, war stark drogensüchtig, ruinierte seine Gesundheit und verursachte einen Autounfall, der sein Gesicht zerstörte. Montgomery Clift starb 1966 im Alter von nur 46 Jahren an Herzversagen.

Dieses Beispiel zeigt, daß eine isolierte Erziehung und eine dominierende Mutter wichtige Ursachen von persönlichen Probleme werden können. Wäre Montgomery Clift in einem herzlichen, liebevollen Klima aufgewachsen und zur Selbständigkeit erzogen worden, wären ihm und seiner direkten Umwelt große Schmerzen erspart geblieben.

Wenn wir in unserer Jugend negativen Einflüssen, selbstbezogenen Eltern mit Vorurteilen, ungerechten Erziehern und einer uns ablehnenden Umwelt ausgesetzt sind, wird es uns schwerfallen, im späteren Leben als Erwachsene eine positive Einstellung zum Leben zu finden. Wenn auf unserem Kick-mich-Zettel steht: »Ich bin dumm« oder »Ich kann nicht«, werden wir anders reagieren, als wenn darauf steht: »Ich kann, wenn ich will« oder »Ich werde Erfolg haben.«

> *Der Inhalt unseres Rucksacks beeinflußt unser Leben viel stärker, als wir uns bewußt sind.*

Nun sind wir aber erwachsen geworden, und die Eltern und Erzieher haben keinen Einfluß mehr auf uns – könnte man meinen. Aber leider ist dem nicht immer so. Auch wenn wir körperlich erwachsen geworden sind, bedeutet das noch lange nicht, daß wir diesen Schritt auch psychisch vollzogen haben. Das kann schwerwiegende Folgen haben: Wir werden manipulierbar.

Beispiele von Kick-mich-Zetteln

Worte schmerzen oft mehr als Schläge. Wenn wir in unseren Jugendjahren immer wieder hören müssen, daß wir nichts taugen, wenn unsere Bedürfnisse und Wünsche übergangen und nicht ernst genommen werden, wenn wir auf unsere Fragen keine Antwort erhalten und wenn man uns bei jeder Gelegenheit sagt, daß wir dumm und töricht sind, glauben wir schlußendlich selbst daran. Die Kraft, die nötig wäre, um unser Selbstwertgefühl zu entwickeln, fehlt. Und wenn wir nicht das Glück haben, über eine starke innere Vitalität zu verfügen, wird uns das Gefühl der Minderwertigkeit in unseren erwachsenen Alltag begleiten.

Auch das Gegenteil ist denkbar. Wenn ein Kind in seiner Familie absoluter Mittelpunkt ist, wenn ihm alle Träume sofort erfüllt und seine Wünsche zum Gesetz der Familie werden, wird es schließlich von seiner Überlegenheit überzeugt sein; die Erfahrung, daß es immer alles erhält, was es will, wird ihm später Schwierigkeiten bereiten.

Hier sind einige Muster von Kick-mich-Zetteln und ihrer Wirkung. Die willkürlich gewählten Beispiele erheben keinen Anspruch auf Vollständigkeit. Das wäre auch gar nicht möglich, denn die Fülle der Kick-mich-Zettel ist unendlich groß. Die Beispiele sind als Anregung gedacht und sollen Sie einladen, sich Gedanken über Ihren eigenen Kick-mich-Zettel zu machen.

Alle Menschen sind gut.

Wenn Sie diesen Kick-mich-Zettel auf dem Rücken tragen, versuchen Sie ununterbrochen, alle Menschen zu guten Menschen zu machen. Daß dies ein hoffnungsloses Unterfangen ist, weil es doch auch schlechte Menschen gibt, können Sie nicht einsehen, denn sonst würden Sie ja Ihrem Kick-mich-Zettel widersprechen. Das Resultat: Sie sehen die Realität nicht, leben in einer Illusion und werden immer wieder ausgenutzt.

Nur wenn ich gehorche, hat man mich lieb.

Dies ist ein denkbar schlechter Kick-mich-Zettel. Wenn er in Ihrem Erwachsenenleben noch immer wirksam ist, ist es für Sie schwierig, ein selbstbewußtes Leben zu führen. Er geht davon aus, daß der Preis für Liebe Gehorsam ohne Widerspruch ist, und schreibt folglich vor, daß Sie immer brav und gehorsam sein müssen, um Liebe zu erhalten.

Alle Menschen müssen meine Freunde sein.

Dies ist eine verheerende Prägung, weil sie es schwierig macht, zwischen echten Freunden und Feinden, dem »Wolf im Schafpelz«, zu unterscheiden. Wer dieses Zeichen auf dem Rücken trägt, ist anfällig für falsche Komplimente und versucht zwanghaft, trotz aller Enttäuschungen immer und immer wieder zu verzeihen und Frieden zu machen. Zwar weiß diese Person, daß dies nicht immer möglich ist, sie ist aber unfähig, angemessen zu reagieren, was immer zu neuen Frustrationen führt.

Ich muß mir nichts gefallen lassen!

Dieser Kick-mich-Zettel verleitet den Träger zur Annahme, daß sich alles um ihn dreht. Er ist die wichtigste Person hier, und das hat man gefälligst zur Kenntnis zu nehmen. Es ist schwierig, mit Menschen umzugehen, die einen solchen Kick-mich-Zettel mit sich herumtragen, weil sie die eigenen Fehler nicht einsehen können. Die andern gehen ihnen gegenüber auf Distanz, wodurch sie immer einsamer werden, was sich nicht mit ihrem Kick-mich-Zettel vereinbaren läßt, der ja volle Anerkennung verlangt. Ein unlösbarer Konflikt.

Wenn ich mich nicht füge, bleibe ich einsam und allein.

Dieser Kick-mich-Zettel hält die betroffene Person davon ab, ein gesundes Selbstvertrauen zu entwickeln, denn alle ihre Handlungen werden vom Bedürfnis diktiert, der Einsamkeit zu entfliehen. Um dieses Ziel zu erreichen, macht sie fortlaufend Konzessionen und stellt sich in den Hintergrund. Wenn sie trotz allem einsam bleibt, wird sie bald resignieren.

Nein, das kann ich nicht!

Dieser Kick-mich-Zettel hemmt und macht hilflos. Man mutet sich nichts zu, weil man ja genau weiß, daß man es nicht kann. Weshalb denn überhaupt es versuchen?

Ja, ich bin schuld.

Dieser Kick-mich-Zettel ist für das andauernde schlechte Gewissen verantwortlich. Der Träger kann nicht viel dagegen unternehmen, weil doch auf seinem Zettel steht, daß er schuld ist. Da er doch immer der Schuldige ist, versucht er gar nicht erst, sich zu verteidigen. Er hat nie lernen können, daß man nicht nur andern verzeihen soll, sondern auch sich selbst.

Ich darf das nicht.

Die vielen Verbote aus der Kindheit wirken heute noch nach und verbieten vieles, was das Leben lebenswert machen würde. Weil man gewohnt ist, nichts ohne ausdrückliche Erlaubnis zu tun, wirkt man noch unsicherer, was den negativen Kreislauf wiederum verstärkt.

Die sich selbst erfüllende Voraussage

Die sich selbst erfüllende Voraussage ist ein interessantes Phänomen, das in unserem Unterbewußtsein eine bedeutende Rolle spielt. Der Begriff wurde von dem Soziologen R. K. Merton eingeführt und meint den Sachverhalt, daß genau das Wirklichkeit wird, wovon jemand ganz fest überzeugt ist. Diese Person trägt durch ihre Handlungen und ihr Verhalten dazu bei, daß die Prophezeiung tatsächlich eintritt. So wurde in einem Experiment nachgewiesen, daß Lehrer, die einen Schüler als dumm einschätzten, dessen schulische Entwicklung durch ihr Verhalten tatsächlich verzögerten (Rosenthal-Effekt). Um einen weiteren bekannten Psychologen sprechen zu lassen: Paul Watzlawick definiert den Begriff in seinem Buch »Wie wirklich ist die Wirklichkeit?« folgendermaßen: »Eine sich selbst erfüllende Prophezeiung ist eine Voraussage, die aus der Tatsache heraus, daß sie gemacht wurde, das erwartete oder vorhergesagte Ereignis Wirklichkeit werden läßt und so ihre eigene ›Richtigkeit‹ bestätigt.«

> *Der Kick-mich-Zettel sorgt dafür,*
> *daß wir uns selbst so manipulieren,*
> *daß seine Beschriftung erfüllt wird.*

Wenn das Denken zwanghaft um ein Thema kreist, beginnt dieses Thema uns zu dominieren, und plötzlich springt der Funke auf die Wirklichkeit über. Dann geschieht genau das, was wir immer befürchtet haben. Darum ist es gefährlich, sich in der Phantasie ununterbrochen mit negativen Erwartungen zu beschäftigen – sie können sich nämlich bewahrheiten.

Eines der größten Probleme, das uns der Kick-mich-Zettel bringt, ist die Tatsache, daß er in unserem Unbewußten operiert, also quasi im Untergrund, und deshalb schwer zu fassen ist.

Wenn unser Unterbewußtein erwartet, daß etwas eintritt, kann es uns veranlassen, diesem »Befehl« zu gehorchen und uns selbst so zu manipulieren, daß die Suggestion sich erfüllt. Es gibt zahllose Beispiele für dieses Verhalten. Wenn jemand, der immer davon spricht, wie schwierig das Leben doch sei, tatsächlich auf Schwierigkeiten stößt, so ist das kein Zufall.

Ein gutes Beispiel für die sich selbst erfüllende Prophezeiung ist diese Geschichte, die mir ein Freund erzählte. Ich lasse ihn selbst sprechen:

Viele Jahre lang ging ich regelmäßig zu Markus, um meine Haare schneiden zu lassen. Markus ist ein freundlicher, liebenswerter Mensch, der für alle ein gutes Wort findet; aber eines Tages fand ich ihn völlig verändert vor: passiv, zurückgezogen und deprimiert. Ich konnte mir nicht erklären, was der Grund für diese Änderung war; etwas Dramatisches mußte geschehen sein. Zwar wußten wir, daß sein Bruder vor kurzem verstorben war, aber Markus hatte ihm nie besonders nahe gestanden, so daß dies kaum der Grund sein konnte. Ich war beunruhigt und versuchte, mit ihm zu sprechen, aber immer, wenn ich das Thema ansprach, wich er mir aus. Erst als ich mit seiner Frau sprach, erfuhr ich den Grund. Als Markus noch ein Kind war, verstarb sein Vater im 53. Altersjahr. Er hatte diesen Verlust nie ganz überwunden. Als nun sein etwas älterer Bruder ebenfalls im Alter von 53 Jahren starb, kam er zur Gewißheit, daß auch er nicht älter als 53 werden würde. Wir versuchten alles, um Markus aus seiner eingebildeten Vorahnung herauszubringen, aber es gelang uns nicht. Zwar hatte sich sein Verhalten wieder normalisiert, und er war freundlich und zuvorkommend wie früher, aber dies war nur gespielt. Er war überzeugt, daß sein Schicksal unabänderlich war und daß er nur noch kurze Zeit zu leben hatte. Er machte sein Testament, bestimmte, wo sein Grab sein sollte, und begann, Abschied zu nehmen. Kurz vor seinem 53. Lebensjahr erlitt Markus einen Herzinfarkt, der dank dem sofortigen Eingreifen seiner Frau nicht tödlich endete, ihn aber teilweise lähmte. Die sich selbst erfüllende Prophezeiung hatte ihn eingeholt.

Verräterisch

Die sich selbst erfüllende Voraussage hat noch eine weitere Auswirkung, die wir nicht unterschätzen dürfen: Sie verrät unsere versteckten Gefühle und unsere geheimen Hoffnungen. Wenn wir zwanghaft immer wieder dasselbe Thema angehen, wird ein geschulter Beobachter keine Mühe haben, sich ein Bild über unsere Erwartungen und über unser Innenleben zu machen. Und weil uns der »Kick-mich-Zettel« zwingt, immer wieder dasselbe Muster zu durchleben, wird es diesem Beobachter um so leichter fallen, die richtigen Knöpfe zu betätigen, um uns gefügig zu machen. Durch die Themen, die wir anschneiden (oder durch jene, die wir meiden oder von denen wir ablenken), verraten wir dem aufmerksam registrierenden Beobachter unsere Schwachstellen. Dies führt dazu, daß andere uns immer wieder ihren Willen aufdrängen, ohne daß wir etwas dagegen tun können. Der einzige Weg aus dieser Situation: sich der Wirkung der sich selbst erfüllenden Prophezeiung bewußt zu werden und anzufangen, die positiven Elemente in unserem Leben stärker zu gewichten.

Der Kompaß in uns

Zum Glück wird das Leben nicht nur von Kick-mich-Zetteln beherrscht. Zwei Elemente der Seele helfen mit, uns vom Kick-mich-Zettel zu befreien: der Kompaß und der Spiegel in uns. Ein Kompaß hat die Aufgabe, uns zu warnen, wenn wir vom eingegebenen Ziel abweichen. Ähnlich verhält es sich mit unserem inneren Kompaß – unserem Gewissen, unserem persönlichen Begriff von Moral, unserem Leistungswillen oder unserer inneren Stimme –, der uns die Richtung – in diesem Fall unser Ziel im Leben – angibt. Und genauso wie der richtige Kompaß warnt uns der innere Kompaß, wenn wir vom Ziel abweichen. Vielleicht ist seine Stimme leise, fast unhörbar, und wir wollen die Warnung im Moment nicht hören. Sie wird sich früher oder später wieder bemerkbar machen ...

Stellen Sie sich den Kick-mich-Zettel als einen Magneten vor. Wenn ein Magnet in die Nähe des Kompasses kommt, kann dieser die Richtung nicht mehr anzeigen; sein Zeiger spielt verrückt. Wenn der Einfluß des Kick-mich-Zettels stark ist, können Sie nicht mehr tun, was in Ihrem Interesse liegt. Sie handeln vielmehr so, wie es auf Ihrem Kick-mich-Zettel steht. Sie sind nicht mehr in der Lage, frei zu entscheiden.

Der Spiegel in uns

Genauso wie wir einen Kick-mich-Zettel mit uns herumtragen müssen, haben wir auch einen Spiegel eingebaut, der in aller Schärfe widerspiegelt, wer, was und wie wir sind. Oder widerspiegeln würde, wenn wir nur hinschauten. Denn das reflektierte Bild kann so schmerzhaft sein, daß wir dem Spiegel lieber den Rücken zuwenden. Doch dies können Sie nicht durchhalten. Ihr erster Schritt muß deshalb sein, offen in Ihren Spiegel zu schauen und ehrlich zur Kenntnis nehmen, was er zeigt. Erst dann können Sie etwas verbessern.

Aber vielleicht müssen Sie gar nicht so viel ändern? Denn

das Bild, das Sie ansieht, ist Ihr einmaliges, unverwechselbares Ich, das es auf der ganzen Welt nur einmal gibt und auf das Sie eigentlich stolz sein sollten, denn dahinter stehen viele Erfahrungen, vielleicht Schmerzen, aber auch viele gute Erlebnisse; kurz: all das, was Sie zu der Persönlichkeit gemacht hat, die Sie heute sind. Vielleicht sind Sie von Natur aus großzügig, herzlich, einfühlsam, leben gern im »Du« und fühlen sich dort wohl. Vielleicht aber müssen Sie mit einem Ich leben, das gerne befiehlt oder manchmal sogar etwas gefühllos ist. Es gibt so viele Möglichkeiten, wie es Menschen gibt, denn auf der ganzen Welt gibt es nicht zweimal denselben Fingerabdruck, nicht zwei identische Personen – nicht einmal eineiige Zwillinge sind sich völlig gleich. Unsere Persönlichkeit hat viele Facetten, und das ist gut so.

> *Jeder von uns hat etwas*
> *vom Flügel des Engels*
> *und vom Horn des Teufels.*

Aber wenn eine Seite kraß überwiegt, fallen die Dinge aus dem Gleichgewicht, und dann kommen die Probleme. Wer stets alles verzeiht, immer nur das Gute im Menschen sieht und die Schuld an allem auf seine Schultern lädt, geht ebenso an der Wirklichkeit vorbei wie derjenige, der immer andere für seine Schwierigkeiten verantwortlich macht und jedem Menschen mit einer negativen Einstellung begegnet. Da es, wie gesagt, beide Seiten braucht, liegt das Gleichgewicht irgendwo dazwischen. Dieses Gleichgewicht zu finden ist möglich, aber es ist ein Prozeß, der einige Zeit in Anspruch nimmt. Hingegen können Sie gleich jetzt neugierig in Ihren Spiegel schauen und herausfinden, wie Ihre wahre Persönlichkeit beschaffen ist. Was auch immer Ihnen entgegenschaut, Sie haben gelernt, damit zu leben, und haben sich so arrangiert, daß es *für Sie* stimmt. Niemand erwartet von Ihnen, daß Sie gleich jetzt alles verändern. Aber Sie sollten sich bewußt werden, daß der Unterschied zwischen den beiden Bildern, dem So-bin-ich und dem So-möchte-ich-sein, oft die Ursache von starken inneren Konflikten ist, die nicht sein müssen.

Einige Charaktertypen und ihre Konflikte

Um diesen Punkt zu illustrieren, möchte ich einige Typen schildern und den Konflikt aufzeichnen, in den diese fast zwangsweise geraten. Ich konzentriere mich auf einige Extreme, die in dieser reinen Form zum Glück nur selten vorkommen.

Der Napoleon-Typ

Vom griechischen Geschichtsschreiber Herodot stammt die hübsche Anekdote vom lydischen Feldherrn Paphon, der nach einem verlorenen Kriege zum Trost hundert Papageien züchtete, die immerfort riefen: »Paphon ist ein Gott«, »Paphon ist ein Gott«. So handelt der Napoleon-Typ, der sich vor der Wirklichkeit verschließt. Sein Spiegelbild zeigt ihn als einen Menschen, der sich für das wichtigste Geschöpf dieser Welt hält, ja für das Zentrum des Universums. Die Welt ist für ihn erst dann in Ordnung, wenn sich alles um ihn dreht. Natürlich stößt er damit überall auf Widerstand. Deshalb versteckt er das Spiegelbild und versucht, seine Ziele durch Manipulation oder Einschüchterung zu erreichen. Im Geschäftsleben sind Napoleon-Typen oft starke Persönlichkeiten, die ihre Interessen rücksichtslos durchsetzen, auch wenn sie andere damit überrollen und verletzen. Dies bleibt natürlich nicht ohne Folgen, und so finden sich solche kleinen Napoleons immer wieder in Kampfpositionen, geben flotte Sprüche von sich wie zum Beispiel: »Ich bin nicht hier, um einen Beliebtheitswettbewerb zu gewinnen« und ziehen andere mit nach unten. Ein Beispiel dafür ist die folgende Geschichte:

An einer Pressekonferenz wird die Elefantenhochzeit zweier Giganten bekanntgegeben. Am Tag vor der Ankündigung wurde der Präsident des Aufsichtrates von einem Journalisten gefragt, was an den Gerüchten wahr sei. Er dementierte alles und sagte: »Reine Phantasie. Es finden absolut keine Verhandlungen statt.« Später mit dieser Lüge konfrontiert, verteidigte er sich mit den Worten: »Es war eine Notlüge im

Interesse der beiden Firmen. Es wäre sonst schlecht ausgegangen. Ich bitte um Verständnis.«

Am gleichen Tag meldete sich ein Verkäufer der gleichen Firma ab, um einen Kunden zu besuchen, erledigte aber statt dessen eine private Angelegenheit. Er wurde ertappt und antwortete seinem Vorgesetzten: »Es war eine Notlüge. Es wäre sonst schlecht ausgegangen. Ich bitte um Verständnis.« Der Verkäufer wurde mit der Begründung entlassen, daß Unehrlichkeit gegen die Firmenkultur verstoße und nicht toleriert werden könne.

Napoleon hat gesprochen. Für den Verkäufer hatte dies große Folgen, aber den Präsidenten des Aufsichtrates kümmert diese Doppelbödigkeit nicht. Er wird wohl auch in Zukunft seiner Rolle als harter Napoleon-Typ gerecht werden.

Der Mitläufer

Der Napoleon-Typ braucht den Mitläufer wie der Fisch das Wasser. Er rekrutiert ihn aus dem großen Reservoir des »Ich-bin-nur-eine-kleine-Maus Typs«. Mitläufer findet man überall: in der Politik, im Geschäftsleben und am Stammtisch. Es sind Leute, die zwar eine Meinung haben und sie auch überzeugend ausdrücken können, aber es ist nicht ihre eigene Meinung, sondern diejenige ihres Chefs, ihrer Partei oder des Journalisten, dessen Kolumne sie eben in der Zeitung gelesen haben. Mitläufer ordnen ihre eigene Meinung unkritisch der Meinung anderer unter, und es stört sie nicht, daß sie dadurch manipulierbar werden. Ja sie merken dies nicht einmal, weil sie nicht selbstbewußt genug sind, um sich und andere kritisch zu hinterfragen. Weil er so leicht manipuliert werden kann und sich gerne von »Tatsachen« überzeugen läßt, die beim näheren Hinsehen gar keine sind, kann der Mitläufer gefährlich werden. Als Erzieher, als Meinungsträger in der Familie, als gewalttätiger Demonstrant oder als sogenannter Freiheitskämpfer eines Selbstmordkommandos kann der Mitläufer großen Schaden anrichten. Die Nazi- und Skinheadszene ist ein Beispiel dafür, wie sich die Mitglieder solcher Gruppen im Kreis ihrer gleich denkenden (gleich hassenden) Kollegen akzeptiert fühlen – ein Gefühl, das sie als Kind vermutlich nie erlebt haben. Das Gefühl, akzeptiert zu werden und gleich zu sein wie die anderen, ist ihnen so wichtig, daß sie die Nachteile klaglos in Kauf nehmen. Sie sehen nicht, daß sie sich durch ihre Mitgliedschaft in dieser Gruppe von der Gesellschaft isolieren, daß also genau das geschieht, was sie verhindern wollten.

Der Querschläger

Die Methode »Leg dich quer, dann bist du wer« ist eine Abwandlung der Methode, nach der der Napoleon-Typ vorgeht, nur steht hier nicht die Macht im Vordergrund, sondern die Provokation. Ein gutes Beispiel für diese Strategie ist der Schweizer Politiker Christoph Blocher. Wer diesen rechtslastigen Populisten in Fernsehinterviews beobachtet, stellt fest, mit welch sichtbarem Genuß Blocher andere provoziert. Meisterhaft und mit Erfolg praktiziert er die Technik des Sich-Querlegens. Daß er dadurch rassistischen und fremdenfeindlichen Tendenzen aggressiv fördert, stört ihn offenbar nicht, wenn er damit sein Ziel erreicht, im Mittelpunkt zu stehen.

Ich kenne Leute, die konsequent nach der Regel des Sich-Querlegens leben und damit Geschäfte machen. So auch der Schweizer Radio- und Fernsehpionier Roger Schawinski. Sein Rezept ist immer dasselbe. Was der Interviewpartner anbietet oder vorschlägt, stellt er von vornherein in Frage, relativiert es, setzt es herab, um damit die eigene Position um so strahlender präsentieren zu können. Seine Interviews sind ein Zweikampf, vergleichbar vielleicht mit den Gladiatorenkämpfen im alten Rom. Offenbar bringt ihm die »in-die-Pfanne-hauen-Methode« Erfolg, denn er kommt an und hat eine treue Fangemeinde.

Die kleine Maus

Menschen vom »Ich-bin-nur-eine-kleine-Maus-Typ« fühlen sich für alles verantwortlich, vom Durcheinander im Zimmer ihres Sohnes bis zur Erwärmung der Atmosphäre und des

Klimawandels. Sie sind der Prototyp jener Menschen, die immer ausgenutzt werden; sie sind willkommenes Material für Sekten und Extremisten. Eine mildere Form sind die Duckmäuser, die Ja-Sager, die Leisetreter. Sie beziehen alles Negative auf sich und glauben, daß sie daran schuld sind. Das äußert sich oft durch ihr Verhalten: unterwürfig, fortwährend sich entschuldigend und immer auf ihre Wirkung auf andere bedacht. Oft arbeiten sie mit übertriebenen Schmeicheleien und sind überzeugt davon, daß man sie nicht durchschaut. Da aber täuschen sie sich, weil sie, ihrer Natur entsprechend, die anderen Menschen nicht für voll nehmen. Solange diese Menschen nicht den Mut finden, in ihren Spiegel zu schauen, können sie nichts verändern. Der Realität ins Auge schauen ist eine wichtige Voraussetzung und kann der Anfang zu einer positiven Entwicklung sein.

Zwanghafte Helfer

Die Extremform des Typs mit dem Helfersyndrom opfert sich für einen anderen Menschen völlig auf, sie oder er hilft bis zur Selbstaufgabe. Solche Menschen helfen zwanghaft, gleichsam süchtig, ohne Rücksicht auf ihre eigenen Interessen zu nehmen. Ich denke hier an erwachsene Kinder, die kein eigenes Leben führen, weil sie glauben, immer noch bei ihren Eltern wohnen zu müssen. Leider gibt es zahllose Beispiele dafür, wie solche Menschen von eigensüchtigen Eltern oder von rücksichtslosen Vorgesetzten schamlos ausgenutzt werden. Wer unter dem Helfersyndrom leidet, hilft nicht, um jemandem zu helfen, sondern um seine eigene Unentbehrlichkeit zu beweisen. Dies wird von der Umwelt natürlich schnell erkannt, und so kommt es, daß solche Menschen immer wieder ausgenutzt werden. Wegen ihrer Schuldgefühle und weil sie doch nicht als Egoisten dastehen wollen, können sie nichts dagegen tun. Dieses Buch richtet sich ganz besonders auch an sie.

Wir beeinflussen auch andere

Es ist nicht einfach, den Kick-mich-Zettel umzuschreiben, weil es nicht einfach ist, jahrelange Gewohnheiten zu ändern. Manche Angewohnheiten sind tief in uns verwurzelt. Wir haben sie jahrelang eingeübt, eingeschliffen und gelernt, mit ihnen zu leben. Dazu kommt, daß auch unsere Familie, unsere Freunde und Bekannte gelernt haben, damit umzugehen, denn wir leben nicht allein, sondern beeinflussen mit unserem Kick-mich-Zettel auch die Menschen, mit denen wir zu tun haben.

Paula W. war unter schwierigen Umständen in einem kleinen Dorf in Holland aufgewachsen. Sie und ihre Familie lebten während Jahren versteckt in von den Nazis besetztem Gebiet, in ständiger Angst, von Nachbarn verraten und an die Gesta-

po ausgeliefert zu werden, was den sicheren Tod der ganzen Familie bedeutet hätte. Obwohl es nicht zum Thema gehört, will ich hier meine Bewunderung dafür ausdrücken, daß jedermann im kleinen Dorf von der versteckten Familie wußte, aber niemand sie verraten hatte; die Familie erlebte unverletzt das Ende des Krieges. Doch zurück zu Paula.

Die Botschaft, die auf ihrem Kick-mich-Zettel stand, lautete: »Ich darf nicht aufmucksen und muß immer still sein, sonst tötet man mich.« Das hatte damals seine Berechtigung und war sogar lebenswichtig, aber die Botschaft blieb bestehen, als Paula erwachsen war. Zwar war sie jetzt auf den Satz »Du darfst nicht aufmucksen« reduziert worden, aber die Devise beherrschte sie noch immer, ohne daß Paula sich dessen bewußt war.

Der Rest ist schnell erzählt. Paula heiratete einen Bauern, der von sich sehr überzeugt war und keinen Widerspruch duldete. Sie gehorchte ihm während Jahren untertänigst und erfüllte seine Wünsche ohne Kritik. Von Zeit zu Zeit versuchte sie, sich zu wehren und ihre eigene Persönlichkeit einzubringen, aber es dauerte jeweils nicht lange, und sie fügte sich wieder. Zu stark war die Macht ihres Kick-mich-Zettels. Als ihr Ehepartner starb, nahm Paula einen neuen Anlauf, sich von ihrem Kick-mich-Zettel zu lösen, aber leider gelang es ihr auch diesmal nicht. Sie hatte resigniert und wählte den Weg in die Krankheit, um dadurch die »Liebe« oder besser gesagt das Interesse ihrer Umwelt zu erhalten.

Paula hatte während Jahren immer wieder die Erfahrung gemacht, daß die kalkulierbaren Folgen ihres Gehorsams besser zu ertragen waren als die unkalkulierbaren Folgen ihres Widerstandes. So lernte sie, mit ihrem Rucksack zu leben. Aber das beeinflußte nicht nur ihr eigenes Leben, sondern strahlte auch auf andere Menschen aus, zum Beispiel auf ihre Familie. Beide Töchter haben Eheprobleme, und ihr Ehemann wurde in seiner selbstherrlichen Einstellung bestärkt und verpaßte dadurch die Chance, sich persönlich weiterzuentwickeln.

Wie geht es weiter?

Sie haben dieses Buch gekauft und bis hierher gelesen. Ich darf deshalb annehmen, daß Sie sich von Ihrem Kick-mich-Zettel und seinen Abhängigkeiten befreien möchten, damit Sie schlußendlich sagen können: Nicht auf meine Kosten! Sie haben zwei Möglichkeiten:

Entweder

Sie arrangieren sich mit Ihrem persönlichen Kick-mich-Zettel, akzeptieren ihn und nehmen die Konsequenzen in Kauf. Dann ist die Welt für Sie in Ordnung, und Sie brauchen dieses Buch nicht weiterzulesen. Das schließt nicht aus, daß

Sie Ihre Meinung zu einem späteren Zeitpunkt ändern können. Vielleicht hilft Ihnen die Erkenntnis, daß Sie schon jetzt etwas gegen den Kick-mich-Zettel unternehmen können, auch wenn die Zeit für Sie im Moment vielleicht noch nicht reif ist.

Oder

Sie sind nicht mehr bereit, die Konsequenzen zu tragen, wagen den Versuch, die Aufschrift auf Ihrem Kick-mich-Zettel durch eine positivere zu ersetzen, und wählen den Weg, der Sie in die Freiheit und Unabhängigkeit führt. Dabei kann Ihnen dieses Buch helfen.

Kann ich meinen Kick-mich-Zettel überhaupt loswerden?

Vergleichen Sie den Kick-mich-Zettel mit einer Tätowierung. Auch diese kann nur durch eine Hauttransplantation ganz entfernt werden. Über die Jahre hinweg ist Ihr Kick-mich-Zettel zu einem überaus wichtigen, wenn auch nicht immer angenehmen Begleiter geworden, mit dem Sie sich mehr oder weniger arrangiert haben. Er hat Sie geformt, Ihre Handlungen gelenkt und hat Sie ununterbrochen beeinflußt. Sie sollten nicht versuchen, ihn zu beseitigen, sondern lernen, ihm die Schärfe zu nehmen und ihn so zu mildern, daß Ihr Leben besser wird.

Der Korrekturzettel

Erfinden Sie Ihren ganz persönlichen Korrekturzettel, und versuchen Sie, damit ein Gegengewicht zu Ihrem Kick-mich-Zettel zu schaffen. Wenn Sie zum Beispiel herausgefunden haben, daß auf Ihrem Kick-mich-Zettel »Alle Menschen sind gut« steht, kann der Korrekturzettel lauten: »*Fast* alle Menschen sind gut« oder »Alle Menschen sind gut, aber nicht *immer.*« Lassen Sie Ihre Phantasie walten, und erstellen Sie kleine Zettel in verschiedenen Farben und Größen mit der passenden Aufschrift. Hängen Sie diese Zettel an Ihren Schmink- oder Rasierspiegel, an das Armaturenbrett Ihres Autos, unten an den Bildschirm Ihres Computers, geben Sie ihn als Bildschirmschoner Ihrem Computer ein, verwenden Sie ihn als Buchzeichen des Buches, das Sie gerade lesen, oder legen sie ihn auf Ihren Pult. Das wird einen gedanklichen Prozeß in Gang setzen, der dazu führt, daß Sie anfangen können, den schwierigen Komplex des Kick-mich-Zettels unter Kontrolle zu bringen.

Hier sind einige Ideen für den Korrekturzettel. Suchen Sie weiter – es macht Spaß –, und Sie werden mit Leichtigkeit andere Ideen finden, die Ihrer Persönlichkeit entsprechen.

Kick-mich-Zettel	Korrekturzettel
Nur wenn ich gehorche, hat man mich lieb.	Immer Liebkind? Na ja! Niemand kann immer nur lieben. Heute werde ich *einmal* **nein** sagen.
Alle Menschen sollen meine Freunde sein.	*Fast* alle Menschen sollen meine Freunde sein. Freund = Freund, stimmt das immer? Freund ist nicht gleich Freund.
Ich muß mir gar nichts gefallen lassen.	Nur wer verlieren kann, kann gewinnen. Habe ich wirklich immer recht? Vorsicht: Arroganz macht einsam!
Wenn ich mich nicht füge, bleibe ich einsam und allein.	Ich bin vielleicht allein, aber ich muß nicht einsam sein. Heute will ich zweimal ungehorsam sein. Heute werde ich *einmal* **nein** sagen. Meine Meinung ist wichtig.
Nein, das kann ich nicht!	Ich kann das zwar nicht immer, aber immer öfter: Ich kann es!!! Wo ein Wille ist, ist ein Weg.
Ja, ich bin schuld daran!	Nein, das stimmt nicht immer! Schuldig? Aber doch nicht immer! Der Sündenbock soll Ferien machen!
Ich darf das nicht.	Ich gebe mir selbst die Erlaubnis. Doch, das darf ich jetzt, ich bin kein Kind mehr.

Dieses Buch handelt davon, wie Sie Ihren Rucksack so verändern, daß er kein Störfaktor mehr ist, sondern eine wichtige und willkommene Unterstützung Ihrer Persönlichkeit. Daß dies möglich ist, zeigen Ihnen die Beispiele im sechsten Kapitel.

Der erste Schritt: erwerben Sie ein gesundes Selbstvertrauen. Davon handelt das nächste Kapitel.

KAPITEL 2

Selbstvertrauen

Wer sich nicht von seinem Kick-mich-Zettel befreien kann und immer wieder in Situationen gerät, wo er ausgenutzt und manipuliert wird, hat ein Problem mit seinem Selbstwertgefühl. Deshalb ist dieses Kapitel dem Thema Selbstvertrauen gewidmet. Es beginnt mit einem kleinen Test, mit dem Sie Ihr Selbstvertrauen überprüfen können.

Test: Wie gut ist Ihr Selbstvertrauen?

Nachstehend finden Sie einige Behauptungen zu alltäglichen Angelegenheiten. Kreuzen Sie die Antwort an, die am besten zu Ihnen paßt, und addieren Sie dann die Punkte nach der Liste auf Seite 45. Die Auswertung des Tests finden Sie auf Seite 46 f. Dies ist kein wissenschaftlicher Test, sondern eine spielerische Befragung, die Sie zum Nachdenken anregen soll und Ihnen verrät, wo Sie ansetzen können, um Ihr Selbstvertrauen zu verbessern.

1. *Ich will lieber einen Nachteil in Kauf nehmen, als andere zu verletzen.*
(a) Ja, das stimmt.
(b) Das kommt auf die Situation an.
(c) Nein, warum sollte ich für andere leiden?

2. *Können Sie gut nein sagen?*
(a) Es fällt mir schwer, denn ich will niemandem weh tun.
(b) Nein, das ist für mich überhaupt kein Problem.
(c) Manchmal ja, aber wenn es mir wichtig ist, kann ich gut nein sagen.

3. *Lassen Sie sich leicht provozieren?*
(a) Ja. Ich habe halt ein heftiges Temperament.
(b) Nein, mir ist egal, was andere Leute sagen.
(c) Manchmal schon, kommt auf meine Tagesform an.

4. *Sind Sie grundsätzlich ein Optimist?*
(a) Nein, das kann man in der heutigen Zeit nicht sein.
(b) Ja, unbedingt. Ich sehe immer die Sonnenseite.
(c) Ich gebe mir Mühe, es zu sein, aber es ist nicht immer möglich.

5. *Ist es für Sie wichtig, im Mittelpunkt zu stehen?*
(a) Nein, davor graut mir.
(b) Ja, ich bin gern im Zentrum des Interesses.
(c) Nur wenn ich etwas erreichen will.

6. *Jemand hat mir Unrecht angetan, und dafür muß er/sie büßen!*
(a) Ja, unbedingt. Auge um Auge, Zahn um Zahn.
(b) Nein, ich bin nicht rachsüchtig.
x (c) Es kommt auf die Situation an.

7. *Wenn Sie tagträumen, was für Gedanken haben Sie?*
(a) Die Welt ist schlecht. Wie kann man da positive Gedanken haben?
(b) Ich denke immer nur an Positives.
x (c) Ich versuche, Realist zu sein, und es gelingt mir manchmal.

8. *Fragen Sie regelmäßig andere um Rat, bevor Sie eine Entscheidung treffen?*
(a) Ja, eigentlich immer.
x (b) Nein, meine Entscheidungen sind meistens richtig.
(c) Nur bei wichtigen Entscheidungen.

9. *Sie müssen am Postschalter lange warten. Was tun Sie?*
x (a) Ich ärgere mich über die Angestellte, die so langsam arbeitet.
(b) Was kann ich denn tun? Ich warte halt.
(c) Vielleicht habe ich die falsche Zeit ausgewählt?

10. *Beim Autofahren fährt jemand dicht hinter Ihnen auf. Wie verhalten Sie sich?*

(a) Ich ärgere mich über den rücksichtslosen Lümmel.
(b) Was soll's? Ich lasse ihn vorfahren.
x(c) Dem werde ich's zeigen. Jetzt mache ich Bremsmanöver!

11. *Sie müssen an einer Sitzung Ihren Standpunkt vertreten. Sind Sie nervös?*
(a) Ja, deshalb bereite ich mich entsprechend vor.
(b) Nein, konzentriert ja, aber nicht nervös.
x(c) Nein, ich denke, die andern seien Schafsköpfe.

12. *Sind Sie manchmal ein übertriebener Perfecktionist?*
(a) Perfekt schreibt man ohne ck!
(b) Nein, ich lasse die Fünfe mal gerade sein.
x(c) Weiß nicht, habe nie darüber nachgedacht.

13. *Man kündigt Ihnen ungerechterweise die Freundschaft. Was empfinden Sie?*
(a) Ich versuche, den Grund herauszufinden.
x(b) Niemand muß mit mir verkehren, der nicht will.
(c) Es deprimiert mich, aber ich kann wohl nichts dagegen tun.

14. *Man hat Ihnen Unrecht angetan. Wie lange beschäftigt Sie das?*
(a) Das beschäftigt mich so lange, bis ich mich gerächt habe.
x(b) Ziemlich lange. Es kommt immer wieder an die Oberfläche.

(c) Einige Zeit, aber dann kann ich's zu den Akten legen.

15. *Wenn etwas schiefläuft, bin meistens ich verantwortlich. Stimmt das?*

(a) Ja. Ich hätte mich anders verhalten müssen.

(b Nein, bestimmt nicht!

(c) Manchmal ja. Ich kann immer davon lernen.

Punkteskala zum Test über Ihr Selbstvertrauen von Seite 42–45.

Geben Sie Ihren Antworten folgende Punkte:

1a 1	5a 7	9a 2	13a 5
1b 5	5b 1	9b 4	13b 7
1c 7	5c 5	9c 4	13c 1
2a 1	6a 7	10a 2	14a 1
2b 7	6b 3	10b 5	14b 2
2c 5	6c 5	10c 7	14c 5
3a 1	7a 1	11a 5	15a 1
3b 7	7b 7	11b 5	15b 7
3c 5	7c 5	11c 7	15c 5
4a 1	8a 1	12a 1	
4b 7	8b 5	12b 5	
4c 5	8c 5	12c 7	

Auflösung des Tests

20–35 Punkte

Auf einigen Gebieten verfügen Sie bereits über recht gutes Selbstvertrauen, in anderen Bereichen müssen Sie versuchen, es zu verbessern. Ganz gleich, wie alt Sie sind, es ist nie zu spät, um an Ihrem Selbstvertrauen zu arbeiten. Je besser Sie Ihr Selbstvertrauen entwickeln, desto einfacher haben Sie es im Leben, und desto leichter fällt es Ihnen, sich durchzusetzen, ohne daß Sie aggressiv werden müssen. Bauen Sie auf dem Erreichten auf, arbeiten Sie dieses Buch durch, und lesen Sie viel. Ideen finden Sie im Literaturverzeichnis auf Seite 208.

36–70 Punkte

Ihr Selbstvertrauen ist gut entwickelt. Wenn Ihr Resultat in der unteren Skala dieser Gruppe angesiedelt ist, bestehen noch Möglichkeiten der Verbesserung. Sie können dies durch die Verarbeitung entsprechender Literatur erreichen, und ich empfehle Ihnen auch, Seminare zum Thema zu besuchen. Wenn Sie in der oberen Skala sind, sind Sie fast schon perfekt. Ich empfehle Ihnen, meine Bemerkungen zur Gruppe über 70 Punkte zu lesen. Vielleicht sollten Sie sich den Test nochmals vornehmen?

Über 70 Punkte

Sie haben das Maximum überschritten. Ihr Selbstvertrauen

ist sehr gut entwickelt, in einigen Bereichen ist es vielleicht zu stark. Ganz im Vertrauen: Haben Sie überall ehrlich mitgespielt? Wenn ja, müssen Sie aufpassen. Menschen mit übermäßigem Selbstvertrauen verlieren gerne ihre Bescheidenheit. Sie wirken überheblich, und dies kann die Ursache von Schwierigkeiten mit andern sein. Ihre wichtigste Qualität in dieser Situation: Ehrlichkeit sich selbst gegenüber.

Was ist gesundes Selbstvertrauen?

Wie das Wort schon sagt, beruht Selbstvertrauen auf dem Vertrauen auf das eigene Selbst, auf dem Wissen um die eigene Kraft und Stärke. Echtes Selbstvertrauen braucht keine äußeren Kennzeichen, keine Rangabzeichen, keine Titel. Aber weil echtes Selbstvertrauen selten ist, haben wir unseren Alltag in Hierarchien eingeteilt. Hierarchien überall: von den pyramidenförmigen Organisationsstrukturen in den Firmen über die starre militärische Hierarchie bis zur Treppchenhierarchie in den Universitäten und zur staatlichen Hierarchie, die unser Leben in definierte Bahnen lenkt.

Die Vermutung liegt nahe, daß der jeweilige Vorgesetzte in der Struktur einer Hierarchie Schutz sucht, weil er nicht uber genügend eigenes Selbstvertrauen verfügt. Wer auf Medaillen, Rangabzeichen, auf imponierende Titel in den Visitenkarten und auf äußerliche Statussymbole angewiesen ist, muß mir den Umkehrschluß erlauben, daß sein Selbstvertrauen unsicherer und schwächer ist, als er sich eingesteht.

Das Peter-Prinzip, so benannt nach seinem Erfinder Laurence J. Peter, beschreibt in satirisch-ironischer Form die Probleme, die von solchen Hierarchien überdeckt werden. Der Kernsatz seines Prinzips besagt, daß jeder Beschäftigte in einer Hierarchie bis auf die Stufe seiner Unfähigkeit befördert wird. Die Fähigkeit, mit der ein Mitarbeiter seine Position ausfüllt, qualifiziert ihn zum Aufstieg in die nächsthöhere Position. Doch kommt jeder Mitarbeiter irgendwann einmal in eine Position, in der er eindeutig überfordert ist. In dieser Position verharrt er dann, weil er sich für einen weiteren Aufstieg nicht qualifizieren kann. Peter folgert daraus, daß nach einer gewissen Zeit jede Position von einem Mitarbeiter besetzt wird, der unfähig ist, seine Aufgaben zu erfüllen. Und weil nicht jeder zur gleichen Zeit seine Stufe der Unfähigkeit erreicht, wird die Arbeit von den Mitarbeitern erledigt, die ihre Stufe der Inkompetenz noch nicht erreicht haben. Eine bissige, aber wahre Theorie.

Meine Definition von Selbstvertrauen lautet:
Selbstbewußte Menschen strahlen Selbstsicherheit aus, ohne überheblich zu sein. Sie sind realitätsbezogen, und es macht ihnen nichts aus, ins zweite Glied zu treten, weil sie nichts beweisen müssen. Sie sind ausgeglichen, können Gefühle zeigen, lassen sich von ihren Aggressionen nicht beherrschen und sind im Einklang mit der Umgebung.

Dramatische Unterschiede

Mit der folgenden Tabelle möchte ich die Unterschiede zwischen einem starken und einem schwachen Selbstvertrauen deutlich machen. Die Gegensätze sind dramatisch und zeigen, wie wichtig es ist, ein gutes Selbstvertrauen zu besitzen. Zur besseren Anschaulichkeit führe ich jeweils die beiden Extreme auf; ich bin mir aber bewußt, daß die Wirklichkeit irgendwo dazwischen liegt.

Dies passiert	Mit einem kranken Selbstvertrauen	Mit einem gesunden Selbstvertrauen
Wer kritisiert wird:	ist gekränkt, schlägt zurück, verdrängt	prüft die Situation ohne Selbstzweifel und Schuldgefühl, bleibt gelassen.
Wer persönlich angegriffen wird:	ist verletzt, sinnt auf Rache	reagiert sachlich, versucht, das Motiv zu erfassen.
Wer manipuliert wird (durch Personen oder die Werbung):	geht mit dem Strom, glaubt unkritisch, was man ihm sagt	hinterfragt kritisch, merkt die Absicht und ist verstimmt, weist Manipulator ab.
Wenn eine andere Person auf sie/ihn einwirkt, erlebt sie/er die folgende Wirkung:	schwach, verängstigt, ohne Rückgrat, von keiner inneren Haltung getragen	positiv, erfolgreich, getragen von Selbstvertrauen, kritikfreudig.
Wenn jemand sehr autoritär auftritt:	zieht sich zurück, hat Selbstzweifel, Schuldgefühl, sinnt auf Rache	gelassen, fühlt sich nicht angegriffen lächelt im stillen.
Im Kontakt mit anderen Personen ist sein Auftritt:	angeberisch, will sich beweisen, wirft mit Namen bekannter Persönlichkeiten um sich, macht Machtspiele	von echter Autorität, ohne Überheblichkeit, ohne falsche Bescheidenheit.
Wer einen Schicksalsschlag erleidet:	hadert mit dem Schicksal, fällt aus dem Gleichgewicht, stellt die Frage: »Warum immer ich?«	Versucht, ihn zu akzeptieren, fällt nicht aus dem Gleichgewicht, sucht nach dem Sinn.

Wie Selbstvertrauen vernichtet wird

Nur wenige Menschen haben das Glück, in einer gesunden, intakten Familie aufzuwachsen, in einer Umgebung, in der sie sich frei von Bevormundung entwickeln können. Den meisten von uns wurden seelische Verletzungen zugefügt, die unser Selbstvertrauen mehr oder weniger schädigen. Wer in seiner/ihrer Jugend immer nur zurückgewiesen und frustriert wurde, wer häufig Tadel und selten Lob erntete, wer in einem Klima von Unsicherheit, Engstirnigkeit und Mutlosigkeit aufwachsen mußte, wessen Vorbilder keine Toleranz und Liebe vorlebten, wird unsicher und ängstlich. Je mehr Zurückweisung, Lieblosigkeit und Desinteresse jemand einstecken mußte, desto mehr wird sein/ihr Selbstvertrauen Schaden erleiden. Dies gilt auch für Kinder, die maßlos verwöhnt werden, denen alles einfach gemacht wurde und die nie gelernt haben, sich gegen Widerstände zu behaupten.

Als ich Dietlinde zum ersten Mal traf, war sie etwa 50 Jahre alt. Eine liebenswürdige, elegante und selbstbewußte Dame, die ich sofort mochte. Unser gemeinsames Hobby, die Hundezucht, sorgte dafür, daß wir regelmäßig Kontakt hatten. Alles ging über Jahre hinweg gut; ich hatte einige Male die Gelegenheit, Dietlinde zu helfen, einen finanziellen Engpaß zu überbrücken, und ihr auch anderswie beizustehen. Ich war der Meinung, daß wir eine gute Freundschaft hatten.

Aber eines Tages erhielt ich ohne jede Vorwarnung von ihr

einen offensichtlich im Affekt geschriebenen Brief, voll von Unfreundlichkeiten und Beleidigungen. Ich war überrascht, konnte nicht verstehen, was vor sich ging, und rief Dietlinde an. Aber ich fand eine völlig veränderte Person vor. Sie wiederholte ihre aus der Luft gegriffenen Anschuldigungen, und das Telefongespräch nahm ein ungutes Ende. Zwar fanden wir nach einiger Zeit wieder Kontakt zueinander, aber er war merklich kühler, und ich ließ ihn schließlich ganz einschlafen. Die Freundschaft war zerstört.

Ich konnte mir ihre plötzliche Veränderung nie erklären, bis mir eines Tages eine gemeinsame Bekannte Dietlindes Schicksal schilderte und mir dadurch den Schlüssel zum Verständnis lieferte. Sie war als Einzelkind nach Noten verwöhnt worden, jeder Wunsch wurde ihr sofort erfüllt. Dies fand eine Fortsetzung, als man entdeckte, daß sie eine talentierte Schlittschuhläuferin war. In den folgenden Jahren des Trainings und der Teilnahme an Ausscheidungen stand sie stets im Mittelpunkt, und weil sie sehr erfolgreich war und einige Wettbewerbe im Kunstlaufen gewonnen hatte, konnte sie sich im Applaus sonnen und nahm ihn als etwas Selbstverständliches entgegen. Doch als sie älter und vom rauhen Leben eingeholt wurde, blieb der Applaus weg, und niemand verwöhnte sie mehr. Ihr ganzes Bestreben ging nun dahin, den Applaus zu erhalten, den sie gewohnt war; diesem Bestreben ordnete sie alles unter. Ihre Beziehungen gingen so lange gut, als sie applaudiert wurde, und sie zerbrachen, wenn der Beifall ausblieb. Dann wurde Dietlinde aggressiv und versuchte, wenn schon nicht Applaus, dann doch wenigstens Interesse zu erhalten. Ihr aggressiver Brief war in der Hoffnung geschrieben worden, mich zu einer Reaktion zu zwingen, die ihr Bedürfnis befriedigt und sie wieder zum Mittelpunkt gemacht hätte. Es war ihr Pech, daß ich mich nicht manipulieren ließ.

Dietlindes Problem ergab sich also daraus, daß in ihrer Jugend alle Schwierigkeiten von ihr ferngehalten wurden und daß man sie daran gewöhnt hatte, stets im Mittelpunkt zu stehen. Das war ihr Anspruch an die Umwelt, und das muß auch auf Ihrem Kick-mich-Zettel gestanden haben. Da sie eine Meisterin der Manipulation war, erreichte sie ihr Ziel je nach Situation durch Liebenswürdigkeit oder Schroffheit. Wenn sich der Partner auch nur scheinbar abwendete, erhielt er die volle Palette ihrer Aggressionen zu spüren, und sie versuchte mit allen Mitteln, wieder Mittelpunkt zu werden – ohne Rücksicht auf Verluste.

Wie Selbstvertrauen gefördert wird

Alles, was zu diesem Thema zu sagen ist, liegt in der folgenden wunderbaren Geschichte, die ich im Internet gefunden habe. Weil sie so perfekt zu diesem Thema paßt, möchte ich sie hier wiedergeben und damit dem Wunsch der unbekannten Autorin nach möglichst großer Verbreitung nachkommen.

Ich war Lehrerin der ersten drei Primarklassen und hatte alle meine 34 Schüler und Schülerinnen gern, aber Mark war etwas Besonderes. Immer aufgeräumt und guter Stimmung, strahlte er so viel positive Lebenskraft aus, daß man ihm kleine Missetaten gerne verzieh. Mark sprach ununterbrochen, und immer wieder mußte ich ihn daran erinnern, daß es nicht gestattet war, ohne Erlaubnis zu sprechen. Jedesmal, wenn ich ihn korrigierte, antwortete er mit »Danke, daß Sie mich etwas gelehrt haben«.

Eines Morgens, ich war etwas nervös, und Mark sprach wieder einmal zu viel, machte ich einen Fehler, der jungen Lehrerinnen gern unterläuft, und sagte: »Wenn du noch ein einziges Wort sprichst, klebe ich dir den Mund zu.« Keine zehn Sekunden später platzte sein Banknachbar mit der Bemerkung heraus: »Mark hat wieder gesprochen.« Dies war zwar nicht in meinem Sinn, und ich nahm mir vor, später über Denunziation diskutieren zu lassen, aber nun mußte ich handeln. Ich ging mit bedächtigen Schritten zum Pult, nahm eine Rolle Band heraus und klebte ein großes Kreuz über Marks Mund. Als ich wieder vor der Klasse stand und zu Mark hinsah, bemerkte ich, daß er mir fröhlich zublinzelte. Das war zuviel. Ich platzte vor Lachen heraus, ging zu ihm zurück und entfernte das Band unter lautem Lachen der ganzen Klasse. Seine ersten Worte waren: »Danke, daß Sie mich etwas gelehrt haben.«

Am Ende des Schuljahrs erhielt ich eine neue Klasse. Die Jahre vergingen. Zu Beginn eines neuen Schuljahrs war Mark wieder meiner Klasse zugeteilt. Er war jetzt fast erwachsen, sah noch besser aus und war höflich wie immer. Und er sprach nicht mehr so viel.

Eines Tages, es war ein Freitag, lief alles falsch. Die Studenten waren frustriert und gereizt, und ich mußte etwas unternehmen, bevor die schlechte Laune überhand nahm. Ich bat sie alle, ein Blatt Papier zu nehmen, die Namen aller übrigen Studenten aufzuschreiben und zwischendurch je eine Zeile frei zu lassen. Dann sagte ich ihnen, sie sollen die netteste Eigenschaft, die ihnen zu ihren Mitschülerinnen und Mitschülern einfiel, unter deren Namen hinzuschreiben, und sammelte die Papiere ein. An jenem Samstag schrieb ich den Namen jedes Studenten auf ein Blatt Papier und führte alle guten Eigenschaften auf, welche die anderen Studenten über ihn aufgeschrieben hatten. Am Montag verteilte ich die Blätter, und es ging nicht lange, als ein Raunen durch die Klasse ging. »Wirklich? Ich wußte nicht, daß ich so beliebt bin« oder »Ich wußte nicht, daß ich anderen so viel bedeutete.« Die Blätter wurden nie mehr erwähnt, aber das Experiment hatte den Zweck erreicht – die Aggression war abgebaut.

Die Zeit verging. Als ich viele Jahre später von meinen Ferien heimkam, holten mich meine Eltern am Flugplatz ab. Sie drucksten etwas herum, schließlich räusperte sich mein Vater und sagte: »Ich muß dir etwas Trauriges sagen. Dein ehemaliger Schüler Mark wurde in Vietnam getötet. Die Beerdigung ist morgen.«

Die Kirche war voll, viele von Marks Freunden waren an-

wesend. Der Pfarrer sprach die üblichen Gebete, und alle, die Mark geliebt hatten, gingen ergriffen an seinem Sarg vorbei. Auch ich war aufgewühlt, konnte aber nicht weinen. Nach der Beerdigung trafen sich viele seiner ehemaligen Klassenkameraden im Haus von Marks Eltern, um ein letztes Mal seiner zu gedenken. »Wir möchten Ihnen etwas zeigen«, sagte Marks Vater zu mir und gab mir ein gefaltetes Stück Papier. »Sie fanden dies auf Mark, nachdem er gestorben war.«

Ich erkannte es sofort. Es war das Papier, auf dem Marks Klassenkameraden seine guten Eigenschaften aufgeführt hatten. Vorsichtig öffnete ich das mit Klebeband geflickte und viele Male gefaltete und wieder geöffnete Papier, und wie von weit her hörte ich die tränenerstickte Stimme seine Mutter: »Vielen Dank, daß Sie dies für Mark getan hatten. Er hat dieses Blatt wie einen Schatz gehütet.«

Einer nach dem anderen sprachen mich jetzt Marks Kameraden an. Karl sagte mit einem etwas verlegenen Lächeln: »Ich habe meine Liste noch. Sie liegt in meinem Tresor daheim.« Pauls Frau bemerkte: »Pauls Liste haben wir in unser Hochzeitsbuch eingeklebt«, und Marlies sagte: »Sie liegt in meinem Tagebuch.« Dann kam Daniela, öffnete ihr Portemonnaie und zeigte mir ihre ziemlich zerfetzte Liste. »Ich habe sie immer bei mir«, sagte sie. »Wir alle haben unsere Liste aufgehoben.« Jetzt erst konnte ich weinen. Ich setzte mich und ließ meinen Tränen freien Lauf. Danke, Mark, daß du mich etwas gelehrt hast!

Am Schluß dieses Textes stand ein kurzer Vermerk der unbekannten Autorin: »Ich möchte mit dieser Geschichte alle Leserinnen und Leser ermutigen, die Menschen in ihrer Umgebung mit positiven Gedanken zu stärken und ihnen immer wieder unsere Liebe und Zuneigung zu zeigen. Ein nettes Wort, eine freundliche Geste, ein Kompliment oder nur ein kleines Lächeln können einem Mitmenschen sehr, sehr viel bedeuten und sein Selbstvertrauen stärken.«

Besser könnte ich es auch nicht sagen.

So wie wir sind, werden wir behandelt

Es ist unmöglich, nicht zu kommunizieren. Jeder Mensch kommuniziert ununterbrochen, ob er will oder nicht. Es gibt keine Begegnung zwischen Menschen ohne Interaktion. Immer geben wir etwas von uns preis, und immer nehmen wir etwas von der anderen Person auf.

Mit unserer Körpersprache, mit der Stimme und dem Ton unserer Sprache, aber auch mit dem, was wir nicht sagen, vermitteln wir einen Eindruck, der viel stärker ist, als wir annehmen. Durch unsere Gesten, den Blick, durch unsere Haltung und die Sprache, kurz, durch unsere ganze Persönlichkeit strahlen wir unbewußt und ohne Worte aus, wie es um unser Selbstbewußtsein steht. Wir können vielleicht ein wenig schauspielern und versuchen, diesen Eindruck zu korrigieren, aber ein geschultes Auge kann hinter die Fassade sehen und wird die wahre Persönlichkeit richtig einschätzen.

Leute, die ein schwaches Selbstvertrauen ausstrahlen, haben es schwer im Leben. Man läßt sie warten, bedient sie unaufmerksam und nimmt sie nicht immer ernst. Dadurch wird ihr schwaches Selbstvertrauen noch mehr geschwächt, so daß es bei der nächsten Gelegenheit noch mehr Schwächesignale ausstrahlt, nur um nochmals herabgesetzt zu werden, und so weiter, eine unendliche Kette von Frustrationen. Und wenn diese Menschen nichts dagegen tun, bleiben sie bis an ihr Lebensende darin gefangen und geben ihre Erfahrungen natürlich ihren Kindern weiter.

Anders verhält es sich, wenn eine starke Persönlichkeit mit gesundem Selbstvertrauen auftritt. Auch diese sendet Signale aus, aber andere. Man wird sie ernst nehmen und ihr mit Respekt begegnen, wird sie aufmerksamer bedienen und nicht warten lassen. Und das alles geht ohne ein einziges Wort vor sich, denn alles ist eine Frage unserer Ausstrahlung.

Die ungeheure Macht unserer Gedanken

Wer aus dem Fenster schaut, hat zwei Möglichkeiten:
Er sieht die Unordnung im Garten des Nachbarn
und ärgert sich, oder er sieht den wunderschönen Baum,
der in voller Blüte steht.

SHIRLEY BLACK

Ich bin überzeugt davon, daß sich unsere Gedanken auf unsere Ausstrahlung, auf unsere Stimmung und auf unsere Gesundheit auswirken. Es ist allgemein bekannt, daß negative Gedanken negative Ereignisse erzeugen und daß positive Gedanken positive Ereignisse anziehen. Wir haben also allen Grund, positive Gedanken zu haben, und müssen uns immer wieder dazu zwingen, die positiven Seiten des Lebens zu entdecken.

Ich kannte eine 90jährige Dame, die leider vergangenes Jahr verstorben ist. Wie jede Frau ihres Alters mußte sie zahlreiche Schicksalsschläge hinnehmen; die letzten Jahre ihres Lebens verbrachte sie im Altersheim. Ich kannte diese Dame seit mehr als 40 Jahren und hörte von ihr in dieser langen Zeit nie ein negatives Wort oder eine Klage. Immer wenn das Gespräch auf ein heikles Thema wie den Tod ihres Ehemannes oder ihre Gesundheit kam, spürte man, wie sie sich innerlich einen Ruck gab, sich etwas aufrichtete und sagte: »Das ist Vergangenheit. Jetzt sind wir im Heute.«

Ich habe von ihr auch nie eine negative Bemerkung über

einen anderen Menschen gehört. Wenn jemand eine andere Person kritisierte, sagte sie in freundlichem Ton, aber sehr direkt, daß sie nicht daran interessiert sei, und wechselte gezielt das Thema.

Das Resultat? Trotz ihres hohen Alters wurde diese Dame von Besuchen förmlich überrannt. Sie führte ein ausgefülltes, fröhliches Leben, und Menschen jeden Alters suchten ihre Gesellschaft. Sie war für viele Menschen, auch für mich, ein Vorbild für positives Denken. Ich erinnere mich heute noch gern an ihren Lieblingsspruch: »Niemand ist so schlecht wie sein Ruf und so gut wie sein Nachruf.«

Was positives Denken bewirken kann, zeigt auch die nachstehende Geschichte aus dem bereits zitierten Buch von Paul Watzlawick, die ich frei nacherzähle:

Ein arbeitsloser Stotterer erhielt die Möglichkeit, als Vertreter zu arbeiten. Statt sich über die Schwierigkeiten zu beklagen, die ihm diese Arbeit wegen seines Sprachfehlers bereiten würde, suchte er nach einer positiven Einstellung und sagte sich, daß sich typische Vertreter oft durch ihre Aufdringlichkeit unbeliebt machen. Sie schwatzen zu viel und überreden die Leute zum Kauf von Waren, die sie gar nicht wollen. Aus Erfahrung wußte er, wie aufmerksam und geduldig die meisten Leute bereit sind, einem Sprachbehinderten zuzuhören. Diese Tatsache könnte ihm einen wesentlichen Vorteil verschaffen. Er nahm die Stelle an und arbeitete so erfolgreich, daß er später, als er sich in seiner Aufgabe gwachsen fühlte und nur noch gelegentlich stotterte.

Die Geschichte hat eine weitere kleine Pointe. Weil er so erfolgreich war, legte seine Firma ihm nahe, wieder mehr zu stottern, weil dies seine Chancen im Verkauf erhöhe. Mir ist nicht bekannt, wie er darauf reagiert hat.

Ich denke gern an ein anderes Beispiel für positives Denken zurück, das ich vor kurzem erlebt habe.

Vor einigen Wochen machte ich mit einem jungen Mann einen Spaziergang durch den Wald, als wir zwischen den Bäumen ausgerolltes Toilettenpapier sahen, vermutlich eine Tat von übermütigen jungen Leuten. Jedermann ärgerte sich darüber, und ich hörte böse Kommentare wie: »Unerträglich, diese Verschandelung!« und ähnliches. Einige Tage später ging ich mit demselben Begleiter den gleichen Weg entlang, und das Toilettenpapier war immer noch dort, gleich häßlich wie zuvor. Ohne ein Wort zu sagen, begann er, das Papier einzusammeln, und stopfte es in seine Tasche, um es nachher zu entsorgen. Ich war sprachlos, sagte kein Wort und wartete auf seinen Kommentar. Der lautete kurz und bündig: »Ich will mich nicht ärgern über etwas, das ich ändern kann.«

Wenn ich an das kleine Erlebnis zurückdenke, bin ich heute noch etwas beschämt. Die Selbstverständlichkeit seiner Haltung hat mich sehr beeindruckt.

Wo bleibt die Zivilcourage?

Anpasser sind Menschen mit geringem Selbstvertrauen. Wo das Selbstvertrauen fehlt, fehlt auch die Zivilcourage. In einer Umfrage des Münchner Instituts für Recht und Wirtschaft haben 86 Prozent aller Zeugen von Gewalttaten zugegeben, daß sie nicht eingegriffen haben. Als Gründe (mehrere Antwortmöglichkeiten) nannten 66 Prozent Angst vor dem Täter, und alle fürchteten, daß sie statt einer Belohnung mit juristischen Konsequenzen zu rechnen hätten. Immerhin 16 Prozent nannten Gleichgültigkeit als Motiv. Bei der Frage, ob sie künftig helfen würden, antwortete weniger als ein Viertel mit einem eindeutigen Ja.

Werden wir zu Feiglingen erzogen? Vielleicht, denn unsere Gesellschaft will keine Veränderungen, und die Inhaber der Macht wollen ihren Einfluß nicht abgeben. Deshalb »erziehen« sie folgsame und angepaßte Mitglieder, denn es ist einfacher, mit gehorsamen und fügsamen Menschen umzugehen als mit selbständig denkenden, kritikfreudigen Schülern und Schülerinnen, Lehrlingen, Mitarbeiterinnen, Soldaten oder Stimmbürgerinnen.

Ein gutes Beispiel ist die Entourage von Helmut Kohl: War das, was man in der BRD das »System Kohl« genannt hat, nicht bloß deshalb über Jahre hinweg möglich, weil ein ganzer Apparat von wenig selbstbewußten Apparatschiks an den Schalthebeln saß und dem Chef mehr oder weniger willenlos folgte? Man will nicht verändern, was einem Vorteile bringt, und nimmt eine Schädigung des persönlichen Selbstwertgefühls in Kauf.

> *Der einzige Mensch, der Veränderungen liebt,*
> *ist ein nasses Baby.*

Viele ziehen es vor, mit dem Fluß zu schwimmen und mit der Menge zu brüllen. Sie leben nach dem Motto: »Wer seinen Kopf aus dem Fenster hält, riskiert, daß er abgeschlagen wird« und tun nichts. Zivilcourage kann riskant sein und wird erst noch nicht prämiert; Anpasser und Wendehälse sind in Politik und Wirtschaft deshalb gut vertreten.

Wer versucht, die bestehende Weltordnung zu verändern, lebt besonders gefährlich:

> *Sokrates, Christus, Gandhi, Martin Luther King,*
> *Che Guevara und viele andere haben eines*
> *gemeinsam: Sie wollten die Welt verändern und*
> *wurden umgebracht.*

Aber heute ist der Mensch nicht mehr Untertan wie damals, als es noch Kaiser, Könige und Zaren gab, und er wird auch nicht mehr als Ware gehandelt wie zu Zeiten des Sklavenhandels. Zumindest in den zivilisierten Ländern haben wir unsere Selbständigkeit und damit unsere Menschenwürde erkämpft und sollten alles tun, um sie zu behalten. Dazu braucht es aber Menschen, die bereit sind, gegen den Strom zu schwimmen, die Mut und Zivilcourage haben und sich durchsetzen können: Menschen mit gesundem Selbstvertrauen. Nur wer über gesundes Selbstvertrauen verfügt, wird den Mut zur Zivilcourage haben, aber auch die Weisheit, sie dort einzusetzen, wo es sinnvoll ist. Ein bekanntes Gebet formuliert dies treffend:

> *Gott, gib mir die Gelassenheit,*
> *Dinge zu akzeptieren, die ich nicht ändern kann,*
> *den Mut, Dinge zu ändern, die ich ändern kann,*
> *und die Weisheit, den Unterschied zu erkennen.*

Denn Zivilcourage um jeden Preis ist ebenso falsch. Es gibt Situationen, wo es besser ist, nichts zu sagen und nichts zu tun.

Richard ist ein netter, freundlicher Mensch, und man wäre gern mit ihm befreundet, auch wenn er etwas eigensinnig ist und kaum jemals eine andere Meinung akzeptiert. Aber trotz seiner positiven Eigenschaften besitzt er nur wenige Freunde, denn sein Kick-mich-Zettel zwingt ihn dazu, immer und überall Zivilcourage zu beweisen und seine Meinung einzubringen. Er tut dies jeweils in scharfer Form, spricht wie ein Volkstribun und akzeptiert selten eine andere Meinung. Ich vermute, daß dies der Weg ist, mit seinen Aggressionen fertig zu werden. Eines Tages erhielt ich einen Brief, in dem er seine Meinung zu einer Angelegenheit äußerte, die ihn zwar nicht direkt betraf, die mir aber trotzdem willkommen gewesen wäre. Aber die Form, in der er dies tat, war nicht akzeptabel. Der Brief war voll böser Worte und unnötig verletzender Beleidigungen. Jetzt wußte ich, weshalb Richard als Berater nicht erfolgreich war und warum er ein einsames Leben führen muß. Er geht mit »geballten Fäusten« durchs Leben, und sein Zwang, immer und überall und ohne Rücksicht auf Verluste Zivilcourage zu zeigen, provoziert Widerstand. Sein Brief war so unfreundlich, daß ich auf Distanz ging. Er kann in Zukunft seine Aggressionen anderswo loswerden, aber nicht länger auf meine Kosten.

Dieses Beispiel zeigt, daß wir für »Zivilcourage um jeden Preis« einen hohen Preis bezahlen.

Wenn Sie aber in Ihren Gefühlen verletzt werden und Ihr Selbstvertrauen Schaden nehmen könnte, müssen Sie unbedingt zu Ihrer Meinung stehen und Zivilcourage zeigen. Dazu brauchen Sie gar nicht aggressiv zu werden. Einige Beispiele:

»Die Bemerkung hat mich verletzt, und ich möchte, daß du das weißt.«

»Ich bin nicht einverstanden, kann das aber als deine Meinung akzeptieren.«

»Nein, das kann ich nicht tun.«

»Ich schätze es nicht, wenn du in diesem Ton mit mir sprichst.«

»Ich verstehe deine Seite, aber bitte versuche, *auch mich* zu verstehen.«

Zivilcourage zu zeigen hat eine unerhörte Vorbildfunktion und macht Eindruck. Aber wichtig ist vor allem, daß Sie so reagieren, daß es für Sie (und niemand anders) stimmt.

> *Zivilcourage ist nicht, das zu tun,*
> *was man von Ihnen erwartet,*
> *sondern das, was Sie für richtig halten.*

Wie hätten Sie sich im folgenden Fall verhalten?

Ein Freund von mir hatte ein wertvolles Bild beim Transport auf der Post verloren, worauf die Versicherung den Schaden bezahlte. Das Bild hatte Seltenheitswert, und er war untröstlich. Um so größer war seine Freude, als er nach mehr als einem Jahr Meldung erhielt, sein Bild sei unversehrt aufgefunden worden. Er traf sich mit dem Versicherungsagenten, um das Bild zurückzukaufen, und erlebte nochmals eine Überraschung, als ihm der Mitarbeiter der Versicherungsgesellschaft unter vier Augen den Vorschlag machte, die Quittung auf einen kleineren Betrag auszustellen und die Differenz unter sich zu teilen. Mein Freund sagte nein, war damit aber vor die Frage gestellt, ob er den Vorfall der Versicherungsgesellschaft melden und sie vor dem unseriösen Mitarbeiter warnen sollte.

Was hätten Sie getan? Hätten Sie ihn angezeigt? Ich habe diese Frage im Freundeskreis diskutiert und unterschiedliche Meinungen erhalten. Das ist auch richtig so, denn eine solche Entscheidung ist sehr persönlich. Die Argumente für das Ja und für das Nein waren eindrücklich, aber sie stimmten nur für die jeweilige Person. »Wir sind verpflichtet, für mehr Moral im Geschäftsleben zu sorgen« wurde von einer Dame eingebracht, für die Ethik eine hohe Priorität hat. Sie hätte ihn angezeigt. Ein Geschäftsmann sagte: »Die sollen ihre interne Kontrolle verbessern. Geht mich nichts an.« Er hätte nichts unternommen, und das war für ihn richtig. Jemand anders sagte, daß er das Angebot angenommen hätte, und auch das wäre seine freie Entscheidung gewesen, für welche er die allfälligen Folgen hätte tragen müssen. Ein anderer Teilnehmer war schon zweimal in ähnliche Situationen geraten und hatte jeweils Meldung erstattet, was für ihn mit negativen Folgen und Zeitverlust verbunden war. Er hätte diesmal nichts gesagt.

Und wie hätte ich reagiert? Ich hätte ihn nicht angezeigt, weil ich seinen betrügerischen Vorschlag nicht hätte beweisen können und er alles abgestritten hätte. Am Schluß wäre Aussage gegen Aussage gestanden und ich hatte keine Lust, mich in die Mitte einer solchen Auseinandersetzung zu begeben. In anderen Worten: Ich würde weder dem Betrüger noch seinem Arbeitgeber erlauben, ihren Disput auf meinem Rücken (und das heißt: auf meine Kosten) auszutragen, und hätte mich bewußt distanziert. Wenn ich jemanden in der Firma persönlich gekannt hätte, wäre ich vielleicht bereit gewesen meine Meinung zu revidieren.

Ich will mit diesem Beispiel noch etwas anderes zeigen. Was man von Ihnen erwartet, spielt keine Rolle. Sie mögen sich die Argumente anhören und sich vielleicht auch davon beeinflussen lassen, aber die endgültige Entscheidung müssen *Sie allein* treffen. Warum? Weil Sie auch die Konsequenzen Ihrer Entscheidung allein tragen müssen.

Wenn Sie immer so entscheiden, daß es für andere stimmt, unabhängig davon, was für Sie richtig gewesen wäre, fühlen Sie sich bevormundet, und mit der Zeit bauen sich in Ihnen folgerichtig Aggressionen auf, die nicht immer leicht zu handhaben sind.

Die Wut nicht verheimlichen

Dies ist ein besonders wichtiger Punkt, denn Menschen mit schwachem Selbstvertrauen werden oft ausgenutzt, übergangen und ungerecht behandelt. Das führt zu einer Kette von Enttäuschungen, denen sie hilflos ausgesetzt sind, denn ihr Selbstwertgefühl ist zu schwach, als daß sie sich wehren könnten. Solche Frustrationen schaffen starke Aggressionen. An diesem Punkte möchte ich ansetzen, wenn es nun darum geht, Ihr Selbstvertrauen zu verbessern. Denn Aggressionen, die wir in unserer Jugend nicht ausleben konnten, sind mit ein Grund für unser schwaches Selbstvertrauen. Aggressionen können aber nur abgebaut werden, wenn wir uns ihrer bewußt sind. Sonst finden sie einen Weg nach außen, der Schaden anrichten kann.

Hans Kellner, selbständig arbeitender Berufsphotograph, ist ein freundlicher, überall beliebter Mensch. Er hat viele Freunde, ist immer gut aufgelegt, unterhaltsam und hat stets den neuesten Witz auf Lager. Er ist verheiratet, hat zwei Töchter, und die Familie lebt ein völlig normales Leben. Seine Frau züchtet Rassehunde, und gemeinsam besuchen sie Hundeausstellungen. Wir waren überrascht, als wir eines Tages erfuhren, daß sich die Eheleute getrennt hatten und daß Frau Kellner jetzt mit einem Freund im hohen Norden Deutschlands lebte. Aber Hans Kellner blieb der alte, immer gut aufgelegte Kumpel, den man einfach gut mochte. Eines Tages aber, ohne jede Vorwarnung, erschoß er seine Hunde im Zwinger, fuhr anschließend in sechs Stunden zu seiner Frau, wo er deren Freund erschoß und dann, als das Gewehr eine Ladehemmung hatte, seine Frau mit dem Gewehrkolben schwer verletzte. Danach setzte er das Haus in Brand. Die Schwerverletzte konnte sich aus dem brennenden Haus retten und die Polizei benachrichtigen. Kellner wurde kurze Zeit später verhaftet und wartet nun auf seinen Prozeß.

Dies in Stichworten die furchtbare Tat eines Mannes, dessen Auftreten nur Fassade war und der seine Wut so lange unterdrückte, bis es zu einer Kurzschlußhandlung kam. Wäre er sich seiner Wut bewußt geworden, so hätte er versuchen können, sie abzubauen, und hätte vielleicht nicht völlig durchgedreht.

Woher kommen Aggressionen?

Darüber gibt es viele Theorien. Sigmund Freud etwa war der Meinung, daß wir eine angeborene Quelle in uns haben, die aggressive Impulse erzeugt. Allerdings gibt es keine wissenschaftlichen Beweise für die Existenz eines angeborenen Aggressionstriebs, und ich erwähne diese Theorie hier nur der Vollständigkeit halber. Ich persönlich tendiere zur Individualpsychologie Alfred Adlers, nach welcher die Ursache von Aggression in Minderwertigkeitsgefühlen und -komplexen zu suchen ist. Diese Theorie geht davon aus, daß erlebte Frustrationen die Ursache von aggressivem Verhalten sind und daß das Ausleben von Aggressionen Unsicherheiten kompensiert; Ohnmacht wird dann zur Macht.

Solche Reaktionen können bei einem unbedeutenden Anlaß ausbrechen, zum Beispiel wenn sich jemand in einer Warteschlange vordrängt oder wenn ein extremer Langsamfahrer eine ganze Autokolonne aufhält. Oder bei einem Kind in der Sandkiste, wenn ihm ein Spielgefährte die Schaufel klaut. Die Skala der Reaktionen auf solche Frustrationen ist groß. Sie reicht von einer inneren, für andere nicht sichtbaren Erregung bis zu jähzornigen, oft lebensgefährlichen Wutausbrüchen.

Zweifelhafte Lehrmeister

Wer bei den »Lehrmeistern« seiner Jugend aggressives Verhalten gelernt hat, wird seinen Vorbildern folgen und schneller bereit sein, Aggressionen zu zeigen und gegenüber Schwächeren anzuwenden, besonders wenn er immer wieder die Erfahrung macht, daß er auf diese Weise seine Ziele erreicht. Er hat nie gelernt, mit seinem Zorn und seiner Wut umzugehen. Aber nicht nur aggressive Menschen haben ein Problem mit ihrem Selbstvertrauen. Dasselbe gilt auch für diejenigen, die immer sanft reagieren.

Wie gehen Sie mit der Wut im Bauch um?

Sind Sie der Meinung, daß es nicht schicklich ist, Ärger und Zorn zu zeigen? Oder haben Sie Angst, jemanden zu verärgern, wenn Sie dies tun? Wenn Sie das gelernt haben, hat man Ihnen keinen guten Dienst erwiesen, denn Wut ist weder gut noch schlecht, sie ist einfach da, und es stellt sich nur die Frage, wie wir mit ihr umgehen. Zwar nehmen wir an, daß ein Wutausbruch gut ist, weil er uns erleichtert, aber er macht auch angst, weil er so starke Emotionen auslöst.

Ich glaube, daß besonders Frauen dazu neigen, ihren Zorn zu schlucken, wenn ihr Verhalten nicht dem Bild des »braven Mädchens« entspricht, das oft auf ihrem Kick-mich-Zettel steht. Aber was ist das für ein Leben, immer brav und angepaßt zu sein? Ein Leben, geprägt von Abhängigkeiten und Manipulierbarkeit. Das Schicksal solcher Menschen ist es, immer wieder ausgenutzt zu werden. Es gibt eine endlose Liste von Frauen, die in ihrem Leben »brave, folgsame Mädchen« und später »brave, folgsame Ehefrauen« sind, die ihre Wünsche, ihre Gefühle und Gemütsbewegungen jahrelang unterdrückt haben und die es nie wagten, zu ihrer eigenen Meinung zu stehen. Und die Liste der Männer, die am Arbeitsplatz ihren Zorn unterdrücken, ist genauso lang. Man weiß, daß Kritik an Vorgesetzten nicht erwünscht ist, möchte seine Position nicht gefährden und verhält sich angepaßt. Nur positive, fortschrittliche Firmen fördern intern die aktive Kritik – leider gibt es immer noch zu Wenige, die davon Gebrauch machen. Es ist wichtig, daß wir unsere Emotionen wahrnehmen, denn nur dann sind wir in der Lage, sie zu kontrollieren.

Das Monster in uns

Immer wieder hören wir von netten, angepaßten und unauffälligen Menschen, oft auch Kindern, die plötzlich und ohne jede Vorwarnung Menschen anfallen. Oder von freundlichen, liebevollen Familienvätern, die aus einem Impuls heraus ihre ganze Familie umbringen. Ich vermute, daß allen diesen Menschen gemeinsam ist, daß sie nie gelernt haben, mit ihrer Wut umzugehen, und daß sie ihren Ärger so lange herunterschluckten, bis es zur Explosion kommen mußte. Die vielen Häuser für geschlagene Frauen sind traurige Beweise für solche Situationen.

Es vergeht kein Tag, ohne daß wir Meldungen von schrecklichen Verzweiflungstaten lesen. Das folgende erschütternde Beispiel habe ich neulich in den Nachrichten gehört:

> *Eine junge Frau erstach ihre beiden Mädchen von drei und fünf Jahren, verriegelte anschließend das Kinderzimmer und versuchte, sich selbst umzubringen. Am Abend, als der Ehemann von seiner Arbeit nach Hause kam, fand er die Türe verschlossen vor, stieg über das Dach des Nachbarn in seine Wohnung und fand seine verletzte Frau und schließlich auch die beiden Töchter.*

Ich kann mir gar nicht vorstellen, was für einen Schock der Ehemann hatte. Und ich kann mir noch viel weniger vorstellen, was in der Mutter vorgegangen ist, daß sie zu einer so grauenvollen Tat fähig war. Das Monster in uns ist eine Tatsache. Ich wäre nicht überrascht, wenn die Wissenschaft eines Tages beweisen könnte, daß die Ursachen für solche Taten nicht eingestandene Wut und verdrängte Aggressionen sind.

Mit der Gewalt leben

Ob wir wollen oder nicht, wir müssen mit der Gewalt leben. Es ist kein Zufall, daß die Nachrichten in Radio und Fernsehen fast ausnahmslos negativ sind und daß positive Ereignisse in den Medien nur am Rand erwähnt werden. Das liegt nicht etwa daran, daß die Medien »blutrünstig« wären, sie folgen bloß dem Trend. Weil viele Menschen so konstruiert sind, daß sich ihr Interesse auf Dinge richtet, die von der Norm abweichen, werden solche Tatbestände stärker gewichtet. Negatives verkauft sich besser als Positives. Weil Medien kommerzielle Unternehmen sind und Gewinn machen müssen, liegt der Schluß nahe, daß das wohl immer so bleiben wird.

Wir aber müssen lernen, die Meldungen in den Zeitungen zu hinterfragen und unsere eigene Meinung zu bilden. Vor Jahren gab es eine Zeitung, die sich zum Ziel gesetzt hatte, nur positive Nachrichten zu veröffentlichen. Das Blatt wurde bei seinem Erscheinen sehr positiv beurteilt, aber es lebte nicht lange.

Aggressionen schlummern in uns, sie sind ein Bestandteil von uns und unserer Kultur, und wir haben keine andere Wahl, als sie zu akzeptieren. Wie wir darauf reagieren, hängt weitgehend davon ab, welche Modelle zur Konfliktlösung wir erlernt haben und was auf unserem Kick-mich-Zettel steht. Gefährlich wird es immer dann, wenn wir versuchen, unsere aggressiven Gefühle zu verleugnen, denn dann riskieren wir, daß sich die aufgestaute Wut zuletzt gegen uns selbst wendet.

Die Wut wächst immer aus kleinen und leisen Anfängen und wird, wenn man sie gewähren läßt, mit der Zeit stärker. Sie findet Nahrung in den vielen Situationen, wo wir – aus welchen Gründen auch immer – unsere Meinung nicht klar sagen dürfen, wo wir unsere Gefühle nicht ausdrücken und wo wir ein Gefühl der Ohnmacht, der Hilflosigkeit und des Ausgeliefertseins empfinden. Wenn wir immer und immer wieder ins zweite Glied zurücktreten müssen, wenn andere Menschen andauernd auf uns herumtrampeln, dann findet die Wut einen guten Nährboden und wird immer schwerer zu kontrollieren. Denn so starke Emotionen wie Wut und Zorn sind wie ein reißender Fluß. Sie finden immer einen Weg, sich durchzusetzen. Es ist deshalb wichtig, daß wir lernen, unsere Meinung auch bei kleinen Dingen einzubringen. Dann hat der Zorn keine Nahrung mehr.

Wut abbauen, aber wie ?

Wenn die Wut in uns aufsteigt, ist dies ein Warnzeichen, das wir ernst nehmen müssen. Manchmal wird uns geraten, Aggressionen auf Ersatztätigkeiten umzulenken wie zum Beispiel Holz hacken, eine aggressive Sportart zu betreiben oder über Vergeltung am Gegner zu phantasieren und so weiter. Aber damit würden wir, wenn überhaupt, unsere

Aggressionen nur kurzzeitig abbauen, denn alle diese Tätigkeiten sind als Ventil nicht geeignet, weil sie in sich selbst wiederum aggressiv sind. Sie können höchstens eingesetzt werden, um kurzfristig Dampf abzulassen, aber das Problem wird dadurch nicht gelöst. Es gibt immer auch eine gewaltfreie Möglichkeit, mit Frustrationen fertig zu werden.

Susanne war seit mehr als 20 Jahren verheiratet und bezeichnete ihre Ehe als durchschnittlich glücklich. Sie und ihr Ehemann waren beide berufstätig, er als Direktor einer mittelgroßen Firma, sie als Tierärztin mit eigener Praxis. Maja, die einzige Tochter, arbeitete als Sekretärin. Ich kenne die Familie und weiß, daß die Bezeichnung »durchschnittlich« gut gewählt ist. Der Umgang miteinander war durch die tägliche Routine bestimmt, und es gab nicht sehr viele Gemeinsamkeiten.

Eines Tages kam die Tochter unerwartet nach Hause und fand ihren Vater mit einer anderen Frau im Bett. Sie erzählte es ihrer Mutter, die noch am gleichen Tag auszog, ohne mit ihrem Mann zu sprechen, und sofort die Scheidung einreichte. Sie fühlte sich hintergangen und war so wütend, daß sie nur noch an Rache dachte. Es folgte ein jahrelanger, zermürbender Kampf, der von beiden Seiten ohne Rücksicht auf Verluste geführt wurde; jeder Vermittlungsversuch von Freunden scheiterte an der eisernen Wut von Susanne. Das Resultat war verheerend. Nach der Scheidung waren sämtliche Vermögenswerte vernichtet, riesige Anwaltskosten mußten bezahlt werden, eine – wenn auch durchschnittliche – Ehe war ruiniert, und drei Menschen waren unglücklich geworden.

Und wie sieht die Situation heute, einige Jahre später, aus? Der Ehemann ist wieder verheiratet, die Tochter lebt nicht mehr daheim, und Susanne, verbittert und griesgrämig, ist einsam geworden. Die geschiedenen Eheleute haben keinen Kontakt mehr miteinander, und die meisten ihrer gemeinsamen Freunde haben sich zurückgezogen.

Ich muß zu dieser Geschichte einige Fragen stellen, deren Beantwortung ich Ihnen überlassen will. War es richtig, daß die Tochter ihrer Mutter erzählte, was sie gesehen hatte? War es nötig, die Beziehung sofort und so kompromißlos abzubrechen? Bei allem Verständnis für Susannes Enttäuschung – hätte es nicht einen anderen, besseren Weg gegeben? Wäre es nicht besser gewesen, sich auf die guten 20 Jahre zu besinnen, als alles wegen eines Fehltritts ihres Mannes zu zerstören? Und war der Preis, den der Ehemann für seine Handlung und Susanne für ihren verletzten Stolz bezahlten, nicht allzu hoch? Ich habe an anderer Stelle gesagt, daß niemand Entscheidungen für eine andere Person treffen kann. So habe ich auch die Entscheidung von Susanne zu akzeptieren, denn die Konsequenzen muß sie ja selbst tragen.

Macht kann Liebe zerstören

Dieses Kapitel wäre nicht vollständig, wenn ich nicht auf einen weiteren Grund für die Schädigung des Selbstvertrauens eintreten würde, den Liebesentzug. Liebe, so wie ich sie hier verstehe, heißt: seine Mitmenschen gern haben, auf sie Rücksicht nehmen, Konflikte im allseitigen Interesse lösen und andere Menschen nicht unnötigerweise verletzen. Wer immer nur destruktiv kritisiert, wer seine Macht einsetzt, um rücksichtslos die eigenen Interessen zu verfolgen, wer Konflikte ohne Konsens aus der Welt schaffen will und wer gedankenlos immer wieder andere Menschen verletzt, dessen Menschenbild ist gestört. Er liebt seine Mitmenschen nicht und wird früher oder später in irgendeiner Form dafür bezahlen müssen.

Machtspiele sind eines der offensichtlichsten Erkennungszeichen für ein schwaches Selbstvertrauen.

Wer zur Macht greifen muß, um seine Autorität zu beweisen, besitzt ein schwaches Selbstvertrauen. Mißbrauch von Macht zerstört zuerst das Selbstbewußtsein anderer Menschen und schließlich auch das eigene. Machtmenschen setzen einen Teufelskreis in Gang, durch den sie selbst und andere Menschen geschädigt werden.

Nicht kuschen, aber ...

»Rache ist süß«, sagt der Volksmund, aber er hat unrecht. Rache schlägt immer auf die Rächer zurück.

Das will nicht heißen, daß Sie kuschen sollen, im Gegenteil. Sich gegen Ungerechtigkeiten zu wehren und seine Rechte zu verteidigen ist notwendig, denn wenn Sie es nicht tun, geben Sie das falsche Signal, und das hat Folgen. Irgend jemand wird dieses Signal interpretieren und versuchen, Sie zu manipulieren. Und dann müssen Sie erst noch mit Ihren Aggressionen fertig werden, die immer dann entstehen, wenn Sie Ungerechtigkeit schlucken müssen.

Es ist wichtig, daß wir unsere Meinung klar und deutlich ausdrücken und so das Bis-hierher-und-nicht-weiter-Signal aufleuchten lassen. Unter Umständen müssen wir uns sogar zurückziehen und den Kontakt abbrechen. Das ist nicht Rache, sondern eine Abgrenzung unserer Interessen. Wenn das von der anderen Seite als Rache empfunden wird, ist es nicht Ihr Problem. Sie handeln erst dann falsch, wenn Sie sich, nachdem Sie Ihren Standpunkt klargemacht haben, auch noch rächen wollen. In diesem Fall müssen Sie lernen loszulassen, denn sonst schaden Sie sich selbst.

> *Nur wer verlieren kann,*
> *kann auch gewinnen.*

Zugegeben, es ist manchmal sehr schwer zu akzeptieren, daß die Person, die uns beleidigt, betrogen, belogen oder ausgenutzt hat, nicht zur Verantwortung gezogen wird. Aber wenn es uns nicht gelingt, einen Strich unter den Streit zu ziehen, machen wir uns zum Opfer, denn Rache schadet nur uns selbst.

Im Jahre 1984 wurde in den USA ein Vater wegen sexuellen Mißbrauchs seiner neunjährigen Tochter zu einer langjährigen Gefängnisstrafe verurteilt. Seine Ehefrau war kurz vorher verstorben, und die Kinder wurden bei Pflegeeltern untergebracht, da der Vater außerstande war, sie selbst zu erziehen. Der Prozeß warf damals hohe Wellen. Der Vater, der seine Unschuld beteuerte, hatte gegen die Aussage der Tochter keine Chance. Fünfzehn Jahre später – die Tochter war inzwischen erwachsen geworden – meldete sie sich bei den Behörden und gab zu Protokoll, daß ihre damalige Aussage falsch gewesen sei und sie die ganze Geschichte erfunden habe. Sie hatte sich an ihrem Vater dafür gerächt, daß er sie bei Pflegeeltern unterbrachte.

Zufälligerweise habe ich den Vater einige Tage nach seiner Entlassung in einer Fernsehsendung gesehen. Obwohl er einen großen Teil seines Lebens im Gefängnis verbracht und seine Familie und seine Freunde den Kontakt zu ihm abgebrochen hatten, war er weder verbittert noch rachsüchtig. Er war im Gefängnis tief religiös geworden, betrachtete sein

Schicksal als von Gott auferlegte Prüfung und hatte seiner Tochter längst verziehen. Ich war sehr beeindruckt. Ein einfacher Mann, aber eine große Persönlichkeit.

Der Tochter brachte die Rache kein Glück. Sie wurde Alkoholikerin, dann drogenabhängig und hatte ein miserables Leben. Erst Jahre später fand sie während ihres Heilungsprozesses den Mut, ihren Fehler zu korrigieren und sich mit dem Vater auszusöhnen.

> *Rachegelüste sind wie Fußfesseln,*
> *die uns daran hindern, aufrecht zu gehen.*

Mahatma Gandhi prägte den Satz: »Auge für Auge, Zahn für Zahn, das ist keine Gerechtigkeit, sondern Rache, welche die ganze Welt blind macht.«

Als 12jähriger Junge wurde ich während einiger Jahre in einem Heim erzogen und hatte eine recht schwere Zeit. Insbesondere ein junger Lehrer, Herr Sch., machte mir das Leben schwer. Aus irgendwelchen Gründen hatte er mich ausgesondert, quälte mich, machte mich vor der Klasse lächerlich und ohrfeigte mich. Es war eine schwierige Zeit, aber das ist lange her, und ich habe ohne Ressentiment mit ihr abgeschlossen.

Um so überraschter war ich, als ich plötzlich einen Brief dieses Lehrers erhielt. Er war jetzt ein alter Mann, und er bat mich, ihm für das mir angetane Unrecht zu verzeihen. Er wolle diese Last nicht in den Tod mitnehmen. Ich mußte nicht lange überlegen und rief ihn an, gratulierte ihm zu seinem Mut und lud ihn zum Mittagessen ein. Wir verbrachten ein paar gute Stunden miteinander, unterhielten uns angeregt über sein Leben. Seine damalige Bösartigkeit kam mit keinem Wort zur Sprache. Das war auch nicht nötig. Taten sprechen mehr als Worte.

Ich hätte mich rächen, vielleicht einen bösartigen Brief schreiben und ihm die letzten Lebensjahre verderben können. Hätte das jene Zeit ungeschehen gemacht? Nein. Warum sollte ich, nur eines zweifelhaften billigen Triumphes wegen, Herrn Sch. unglücklich machen? Ich kann nicht einsehen, was mir das gebracht hätte. So fand mein damaliger Lehrer Verzeihung für seine Taten, und das gab mir ein gutes Gefühl. Hätte ich mich gerächt, wäre es für uns beide unglücklich verlaufen. Wir können nicht verhindern, daß wir immer wieder Boshaftigkeit, Ungerechtigkeit und falsche Anschuldigungen erfahren – je erfolgreicher wir sind, desto mehr, aber wir selbst, und niemand anders, entscheidet darüber, wie wir darauf reagieren. Es gibt viele Reaktionsmöglichkeiten. Rache aber ist bestimmt die falsche

Die andere Seite der Medaille

Weil nicht alle Menschen gut oder zumindest einsichtig sind, müssen wir damit rechnen, selbst einmal zum Opfer eines

Racheaktes zu werden. Auch dazu müssen wir »Nicht auf meine Kosten« sagen. Daß dies ein aktuelles Thema ist, zeigt sich nur schon daran, daß ich im Internet in einem einzigen Suchlauf zum Thema Rache 751 000 Hinweise gefunden habe. Dieses Thema hat heute eine besondere Aktualität für Firmen, denn nach einer Umfrage* haben zwei Drittel der Befragten angegeben, mindestens einmal von ihrer Firma geschädigt worden zu sein und daß sie sich rächen würden oder bereits gerächt hätten. So dürfte der Schaden viel größer sein, als wir vermuten würden. Drei Viertel der Täter stammen aus dem eigenen Unternehmen; die häufigsten Täter sind Manager. Tatmotive sind vor allem Unzufriedenheit und, als Folge davon, Rache. Eines der verletzlichsten Gebiete ist die Computertechnik, und es ist nicht auszudenken, welchen Schaden ein bösartiger und rachsüchtiger Mitarbeiter verursachen kann. Auch wenn offensichtlich ist, daß sich Rache nicht lohnt, schließt dies nicht aus, daß es immer noch Rache gibt. Wenn wir das »Nicht auf meine Kosten!« ernst nehmen, müssen wir damit rechnen und uns entsprechend einrichten und vorsehen.

Die Provokationsfalle

Dies ist eine der großen Gefahren, die sich hinter der Wut versteckt und die durch sie ausgelöst wird. Ob Ihnen jemand

* Zeitschrift des Unternehmerforums Lilienberg, Juni 2000.

mit dem Auto den Weg abschneidet, Ihren Parkplatz stiehlt oder sich in einer Warteschlange vordrängt, sagen Sie Ihre Meinung klar und deutlich, wenn Sie betroffen sind, aber lassen Sie sich auf keinen Fall provozieren. Ich erinnere mich an ein solches Erlebnis.

Ich war mit einem japanischen Geschäftsfreund unterwegs, um Geschäftsräume zu besichtigen. Direkt vor einem Laden, den wir besuchen wollten, fanden wir einen Parkplatz. Mein Bekannter fuhr etwas nach vorne, betätigte den Blinker und begann, rückwärts in den Parkplatz hineinzufahren. In diesem Moment kam ein kleiner Wagen und fuhr direkt in unseren Parkplatz hinein. Ich war verblüfft über soviel Frechheit, ließ das Fenster hinunter und wollte etwas sagen, aber der junge Mann kam mir zuvor. »Der Schnellere ist der Geschwindere«, rief er uns zu, und weg war er. Mein Bekannter sagte ruhig, ohne jeden Zorn in der Stimme: »Wir finden bestimmt einen anderen Parkplatz« und ging damit zur Tagesordnung über.

Ich konnte es nicht lassen und stellte ihm die Frage: »Macht Ihnen denn so etwas überhaupt nichts aus? Der Kerl hat doch unseren Parkplatz gestohlen.« Seine Antwort blieb mir bis heute in Erinnerung: »Ich will meine Zeit und meine Energie nicht an solche Menschen verschwenden.« Wie recht er doch hatte!

Sowohl im Geschäfts- wie im Privatleben wird in der Absicht provoziert, jemanden zu ärgern oder ihm zu schaden.

Hier ist es besonders wichtig, daß Sie nicht in die Falle tappen, es sei denn, sie hätten Schaden erlitten. Dann müssen Sie reagieren.

Ein Onkel von mir, ein älterer, liebenswürdiger Herr, wurde als einziger der Familie nicht zu einer Hochzeitsfeier eingeladen. Die Provokation ging von seiner Schwester aus, der Mutter des Bräutigams. Sie erfolgte mit der vollen Absicht, ihn zu brüskieren. Seine Schwester war als verbitterte und etwas streitsüchtige Frau bekannt. Mein Onkel reagierte gelassen, als ob nichts passiert wäre. Er gratulierte dem Brautpaar herzlich, sandte ein Telegramm und ein Geschenk und feierte den Abend auf seine Weise, bei einem guten Nachtessen mit Freunden. Er beklagte sich nicht über die erlittene Ohrfeige, und soweit ich es beurteilen konnte, war er auch nicht beleidigt.

Ich war von seiner Haltung beeindruckt und brachte das Thema zur Sprache. Er sagte: »Natürlich habe ich die Kränkung empfunden, aber ich konnte doch nicht zulassen, daß meine Schwester über meine Gemütsverfassung bestimmt. Wenn ich mit bösen Worten geantwortet oder auch nur beleidigt gewesen wäre, hätte ich mich selbst bestraft. Es tat mir leid, daß meine Schwester diesen wichtigen Tag mit negativen Gedanken begleiten mußte, aber ich konnte nichts für sie tun.«

Mein Onkel wurde 98 Jahre alt.

Seine Antwort zeigt deutlich, weshalb Sie sich nicht provozieren lassen dürfen. »Ich hätte mich ja selbst bestraft«, sagte mein Onkel, und genau hier liegt der Schlüssel. Wenn wir uns provozieren lassen, erlauben wir es andern, über unseren Gemütszustand zu bestimmen, und – was noch wichtiger ist – wir geben die Kontrolle ab. Fragen Sie sich: Wer ist die wichtigste Person? Niemand anders als Sie! Sie allein entscheiden über Ihr Verhalten und niemand sonst. Der Geschäftsfreund, dem der Parkplatz vor der Nase weggeschnappt wurde, und mein Onkel haben eines gemeinsam: Beide sind selbstbewußte Menschen. Wer sich von Provokateuren ins Bockshorn jagen läßt, hat ein Problem mit seinem Selbstvertrauen. Wir können ja ohnehin nicht viel ändern und sollten uns deshalb darauf konzentrieren, unsere Interessen zu wahren, und die Provokation an uns abtropfen lassen.

Mit Bekannten hatten wir uns in einem Restaurant getroffen, um einen gemütlichen Abend zu feiern. Am Nebentisch saß eine kleine Gruppe offensichtlich angetrunkener Gäste, die sich in voller Lautstärke auf tiefem Niveau unterhielten. Ein Ehepaar in unserer Gruppe regte sich fürchterlich auf, steigerte sich in eine Wut hinein und begann, die Störenfriede mit vielsagenden Blicken und bissigen Bemerkungen zu reizen. Das ließen sich diese nicht gefallen, und so eskalierte die Situation derart, daß der Wirt eingreifen mußte. Der Abend war verdorben.

Auch hier hätten uns mehrere Möglichkeiten zur Auswahl gestanden. Wir hätten den Tisch oder das Restaurant wechseln, die Störenfriede gedanklich ausblenden oder sogar über sie lachen können. Statt dessen wählten wir eine Variante, die uns aus dem Gleichgewicht brachte und für die wir den Preis bezahlen mußten. Das Ehepaar, das uns begleitete, war in die Provokationsfalle getreten.

Selbstbewußte Menschen sind tolerant

Als Menschen mit einem starken Selbstvertrauen können wir es uns leisten, tolerant zu sein. Vorurteile und Intoleranz sind Zeichen für ein schwach entwickeltes Selbstvertrauen. Nur unsichere Menschen lassen sich von Volksverführern vor den Karren spannen oder dazu verleiten, in vereinnahmenden Sekten mitzumachen. Mit einem gesunden Selbstvertrauen wird es uns leichtfallen, diese Toleranz auch gegenüber Menschen aus einem anderen Milieu anzuwenden. Objektiv gesehen gibt es keinen Grund, jemanden wegen seiner Hautfarbe oder wegen seiner Religion zu verachten. Er hat einfach eine andere Hautfarbe oder ist in einer anderen Religion aufgewachsen, das ist alles. Von ihm aus gesehen, haben wir eine andere Hautfarbe oder eine andere Religion; und wir würden es nicht tolerieren, deswegen als minderwertig eingestuft zu werden. Für ihn sind wir einfach anders, und das ist er auch für uns. Statt zu versuchen, dieses Anderssein kennenzulernen und zu erfassen, mißbrauchen wir es als willkommenen Sündenbock für unsere eigenen Frustrationen, werden dadurch stark und fühlen uns aufgehoben in der Gemeinschaft von gleich denkenden (gleich hassenden!) Menschen. Wir dürfen nie vergessen, daß Hitlers Aufstieg überhaupt nur möglich war, weil sein Haß von breiten Teilen der Bevölkerung geteilt wurde. Sie waren dem kollektiven Wahn verfallen. Dieser Gedanke muß uns einen Schauder über den Rücken jagen und uns dazu bringen, die Gefahrensignale rechtzeitig zu erkennen.

> *Die Behandlung der Minderheiten ist*
> *das Fieberthermometer am Körper der Demokratie.*

Haben Sie sich schon einmal überlegt, daß wir alle zu irgendeiner Minderheit gehören? Die folgende Auflistung eines unbekannten Autors habe ich im Internet gefunden.

Wenn wir die gesamte Weltbevölkerung im gleichen Maßstab auf ein Dorf mit 100 Menschen reduzieren könnten, sehen wir vor uns:

57 Asiaten, 21 Europäer, 8 Afrikaner und
14 Amerikaner, Australier und Ozeanier,
51 wären weiblich, 49 männlich,
30 wären Weiße,
70 hätten keine weiße Hautfarbe,

30 wären Christen,
70 hätten eine andere Religion,
80 hätten keine Wohnung oder lebten in Hütten,
50 wären unterernährt,
nur 1 wäre Akademiker,
70 könnten nicht lesen.

Gibt es da Grund zu Intoleranz und Fremdenfeindlichkeit?

Ein kleiner Test

Ich möchte Ihnen nun einen kleinen Test vorschlagen und Ihnen drei Geschichten erzählen, die sich tatsächlich zugetragen haben. Wie beurteilen Sie die Reaktion der Hauptpersonen? Wie würden Sie sich an ihrer Stelle verhalten? Lösungen und Kommentar finden Sie auf den Seiten 95–98.

Am Flugplatz

Frohgemut und mit viel Feriengepäck fährt ein Ehepaar, nennen wir es Martin und Paula Hansen, zum Flugplatz, um in die Ferien zu fliegen. Sie sind etwas spät von daheim weggefahren, sind nun knapp an Zeit und warten ungeduldig in der langen Warteschlange vor dem Abfertigungsschalter. Ferienzeit! Der Flughafen ist überfüllt, es herrscht Hochbetrieb. Langsam arbeiten sie sich nach vorn, aber die Zeit wird immer knapper, und Martin Hansen wird immer nervöser. Als erfolgreicher Verkaufsleiter ist er gewohnt, sich durchzusetzen, will die Warteschlange überspringen, verursacht damit einen kleinen Aufstand und wird zurückgepfiffen. Endlich an der Spitze angelangt, erwartet ihn ein zweiter Schock: Das Flugzeug ist voll belegt, und es sind keine Plätze mehr frei. Die Dame entschuldigt sich im Namen der Fluggesellschaft, schlägt einen späteren Flug vor und offeriert einen kostenlosen Imbiß. Aber da ist sie an den Falschen geraten. Martin hat diesen Flug gebucht, und mit diesem Flug wird er fliegen! »Nicht auf meine Kosten«, sagt er sich, verweist auf die Flugnummer und das heutige Datum, wird laut und versucht, sich kämpferisch durchzusetzen, wie er es gewohnt ist. Die Hosteß bleibt unerschütterlich freundlich, aber sie kann ihn nicht beruhigen und muß schließlich Hilfe holen.

Herr und Frau Hansen werden nun vom Schalter weggeführt, die Diskussion wird in einer Ecke des Flughafens fortgesetzt. Ich stand in der Kolonne hinter dem Ehepaar und folgte, nachdem ich eingecheckt hatte, der kleinen Gruppe, um den weiteren Verlauf mitzubekommen. Ein Mitarbeiter der Fluggesellschaft entschuldigte sich nochmals und machte darauf aufmerksam, daß das Ehepaar Hansen zu spät eingecheckt habe. Er würde gern helfen, aber auf diesem Flug sei kein Platz mehr verfügbar. »Daß Sie ein Flugticket und eine Platzreservierung haben, bedeutet nicht, daß Sie auch einen Platz erhalten«, hörte ich ihn sagen. Die Situation wurde immer dramatischer. Herr Hansen polterte, Frau Hansen weinte. Die beiden wurden in ein Büro gebeten – der weitere Verlauf ist mir unbekannt.

Wie beurteilen Sie diese Geschichte? Sind Sie der Meinung, daß Herr Hansen genügend Selbstvertrauen gezeigt hat? Wie hätten Sie sich an seiner Stelle verhalten? Hätten Sie etwas anders gemacht? Und wenn ja, was?

Die Schikane auf der Landstraße*

Kurt Müller fährt nachts auf einer einsamen Landstraße. Plötzlich überholt ihn rasant ein anderes Auto, wechselt knapp vor ihm auf seine Spur und reduziert unvermittelt die Geschwindigkeit. Müller tritt auf die Bremse. Den andern zu überholen ist an dieser Stelle nicht möglich, und ohne groß nachzudenken, fährt er hinter dem anderen Auto her. Bei der ersten Möglichkeit setzt er zum Überholen an, aber wie er auf der Höhe des andern Wagens ist, beschleunigt dieser, so daß er wieder hinter ihm einspuren muß. Etwas stimmt doch da nicht ...

Kaum hat sich Müller wieder hinter ihm eingereiht, wird der Andere wieder langsamer und fährt nun fast im Schritttempo. Jetzt versucht Kurt, ihn überfallartig zu überholen,

* Idee aus dem Buch *Das Prinzip Bosheit – die Alltäglichkeit der Schikane* von Hans-Jürgen Seemann/Rainer Meier, Heyne Verlag München.

doch wieder bleibt er dem stärkeren Fahrzeug unterlegen. Nun wird er langsam nervös und wütend. Die Geschichte wiederholt sich noch einige Male, und schließlich fährt er an den Straßenrand, verriegelt die Türe und wartet. Auch der andere Wagen hält vor ihm und verhält sich ruhig. »Mal sehen, wer mehr Geduld hat!« sagt er sich und wartet. Minuten vergehen. Schließlich hält er es nicht mehr aus, steigt wutentbrannt aus und geht zum anderen Wagen, um mit dem Unbekannten zu sprechen. Aber kaum ist er dort angelangt, startet dieser mit quietschenden Reifen, fährt ein paar hundert Meter weiter und hält an. Kurt realisiert, daß er mitten im Wald steht und daß weit und breit niemand ist, der ihm helfen kann. Jetzt bedauert er, daß er sein Telefon nicht bei sich hat, um Hilfe zu holen. Er geht zu seinem Wagen zurück und fährt los, doch das Spiel wiederholt sich.

Versetzen Sie sich in die Lage des schikanierten Fahrers. Was würden Sie empfinden? Wie würden Sie an seiner Stelle reagieren?

»Bitte, bitte, helfen Sie mir …«

Die Geschichte spielt in den USA Anfang der 90er Jahre. Daniel Doyle ist Personalchef im Rang eines Direktors einer großen Firma im Liegenschaftenbereich mit Filialen in vielen Staaten und Hunderten von Mitarbeitern. Das Unternehmen hat stark expandiert, ist nun in finanziellen Schwierigkeiten und muß, um zu überleben, massiv Arbeitsplätze abbauen. Der Inhaber der Firma bittet ihn um Hilfe in dieser kritischen Situation. Es gebe keine andere Möglichkeit, als sich gesundzuschrumpfen, und das bedeute massive Entlassungen. Er möchte diesen Auftrag Daniel Doyle übertragen, sei sich aber bewußt, daß es eine schwierige, unangenehme Aufgabe sei. Er verspreche deshalb, sich finanziell erkenntlich zu zeigen, und sichere ihm nach Abschluß der Angelegenheit ein doppeltes Jahresgehalt und einen Bonus zu. Die Vereinbarung wird schriftlich fixiert, und Daniel Doyle beginnt mit seiner schwierigen Arbeit, die er mit viel Fingerspitzengefühl und Einfühlungsvermögen erledigt. Er bringt es sogar fertig, die Gewerkschaft von der Notwendigkeit des Personalabbaus zu überzeugen, löst Härtefälle mit deren Hilfe und ist Tag und Nacht unermüdlich unterwegs. Sein Einsatz bleibt der Konkurrenz nicht unbemerkt, und sie versucht, Daniel Doyle abzuwerben, allerdings ohne Erfolg. Er will loyal bleiben und seiner Firma in dieser schwierigen Situation helfen, was die Konkurrenz noch mehr beeindruckt. Sie teilt ihm mit, daß er jederzeit willkommen sei. Nach sechs Monaten intensiver Tätigkeit hat er seine Aufgabe nicht nur beendet, sondern hervorragend erledigt.

Des besseren Verständnisses wegen muß ich nun etwas über die Persönlichkeit von Daniel Doyle erzählen. Daniel ist ein liebenswürdiger Mensch, gefällig und stets hilfsbereit, ein Realist mit gesundem Selbstvertrauen und absolut kein

Egoist. Ich habe ihn in zahlreichen Situationen erlebt, in denen er selbstlos anderen Menschen geholfen hat, was zwar manchmal auf seine Kosten ging, aber »das ist der Preis, den wir bezahlen müssen, wenn wir Optimisten bleiben wollen«, meinte er jeweils dazu. Sein Problem: Er kann nur schwer nein sagen. Doch nun zurück zu unserer Geschichte.

Als sich Daniel Doyle für den Schlußrapport und für die Entgegennahme des Bonus mit dem Inhaber trifft, findet er einen gebrochenen Menschen vor. Den Tränen nahe, teilt ihm dieser mit, daß er keine andere Möglichkeit mehr sehe, als Konkurs anzumelden. Seine Firma sei überschuldet, die Banken wollten nicht länger zuwarten, es sei praktisch kein Geld mehr in der Kasse. Er fühle sich verantwortlich dafür, daß nun alle seine Mitarbeiter ihren Arbeitsplatz verlieren würden. Ob Daniel Doyle bereit sei, ihm nochmals zu helfen und auf seinen Bonus zu verzichten? Er werde das später in irgendeiner Form kompensieren, aber im jetzigen Moment sei er dazu nicht in der Lage.

Daniel Doyle in seiner unendlichen Hilfsbereitschaft will helfen. Er sagt ja, worauf der Inhaber eine vorbereitete Erklärung aus der Schublade holt und ihn unterschreiben läßt. Doyle verzichtet damit auf mehr als 50 000 Dollar.

Wie geht die Geschichte weiter? Die Firma geht nicht Konkurs, die Stelle des Personalchefs wird von einem Verwandten des Inhabers besetzt. Der Inhaber aber hätte einen Oscar als bester Schauspieler gewonnen, wenn es Oscars für Geschäftsleute gäbe.

Was hätten Sie an Daniel Doyles Stelle empfunden? Und wie hätten Sie reagiert, nachdem Ihnen klargeworden war, daß Sie ausgenutzt wurden? Und als letzte Frage: Was können Sie von dieser Geschichte lernen?

Schließen Sie nun das Buch, und versuchen Sie, die Fragen zu den einzelnen Geschichten zu beantworten. Die Lösungen, beziehungsweise meine Meinung zu den Geschichten, finden Sie nachstehend.

Am Flugplatz – der Kommentar

Wie alle Leute, die sich nicht einordnen wollen, hat Martin Hansen neue Probleme geschaffen, statt die anstehenden zu lösen. Auf seinem Kick-mich-Zettel könnte gestanden haben: »Wenn ich aggressiv werde, erhalte ich meinen Willen.« Das mag im Geschäftsleben manchmal zutreffen, hier aber war es die falsche Strategie. Durch eine freundliche Haltung hätte er wohl Hilfe von Mitarbeitern der Fluggesellschaft erfahren, vielleicht hätten sie ihn sogar die Warteschlange überholen lassen. Unangebrachtes, lautes Poltern ist ein Zeichen von schwach entwickeltem Selbstvertrauen. Familie Hansen hat einen hohen Preis bezahlt; der Ehemann hat den Beginn der Ferien unnötigerweise verdorben.

Die Schikane auf der Landstraße – der Kommentar

Ein Alptraum! Der Schikaneur hat kein gesundes Selbstvertrauen, dafür aber ein stark übersteuertes Selbstwertgefühl. Wenn Kurt Bosshard ein gutes Selbstvertrauen hat, wird er einsehen, daß er momentan in der schwächeren Position ist, und wird die Schikane über sich ergehen lassen oder vielleicht warten, bis ein anderes Fahrzeug dazukommt. Wut bringt in so einer Situation absolut nichts und erhöht die Gefahr eines Unfalls. Aber vielleicht ist es genau das, was der unverantwortliche Fahrer sucht. Nur schon dieser Gedanke sollte Kurt Bosshard helfen, seine Aggression unter Kontrolle zu halten.

»Bitte, bitte, helfen Sie mir ...« – der Kommentar

Zugegeben, Daniel Doyle hat unbeschreiblich naiv gehandelt, was für mich kaum verständlich ist. Aber dieser Glaube an das Gute im Menschen ist gleichzeitig eine seiner Stärken. Nachdem das Papier unterschrieben war, konnte Daniel Doyle nichts mehr machen. Theoretisch hätte er die Firma einklagen können, aber das hätte seine Frustration nur noch erhöht und auch nicht seinem Stil entsprochen. Der größte Fehler von Daniel Doyle war, daß er nicht nein sagen konnte, aber das hat er seither gelernt, nicht zuletzt aus dieser Erfahrung. Ich habe Daniel Doyle zu dieser Geschichte befragt und lasse ihn hier selbst sprechen:

Natürlich war ich schockiert, als ich herausfand, daß das Ganze nur gespielt war. Vor allem war ich menschlich enttäuscht, daß ein Vorgesetzter, mit dem ich jahrelang eine gute Beziehung aufgebaut hatte, zu einem so billigen Trick griff. Dann überlegte ich mir, gerichtlich gegen ihn vorzugehen, aber ich wollte nichts mehr mit der Angelegenheit zu tun haben und ließ es sein. Es war eigentlich mein Fehler, und ich habe gelernt, nie mehr ein wichtiges Dokument sofort zu unterschreiben. Seither bedinge ich mir immer Zeit aus, um die Sache zu überschlafen. Vielleicht hat mir das über die Jahre mehr eingebracht, als ich damals verloren habe.

Ich möchte dieses Kapitel mit einer kleinen Liste abschließen, um denjenigen meiner Leserinnen und Leser, die an sich zweifeln, Mut zu machen:

Albert Einstein brauchte vier Jahre, bis er sprechen konnte.
Isaac Newton war ein miserabler Schüler.
Beethovens Musiklehrer sagte von ihm, daß er niemals Komponist werden könne.
Thomas Edisons Lehrer gab ihm deutlich zu verstehen, daß er zu dumm sei, um etwas zu lernen.

Walt Disney wurde als Reporter gefeuert, weil er ideenlos und zu wenig kreativ sei.

Winston Churchill mußte eine Klasse wiederholen.

Fred Smith, der Gründer von Federal Expreß, kassierte unglaublich schlechte Zensuren.

Egal, was über Sie gesagt wird und wie Sie beurteilt werden, Sie müssen an sich glauben. Wir alle machen Fehler, aber wir werden erst dann zum Versager, wenn wir versuchen, jemandem die Schuld dafür zuzuweisen. Wenn Sie die Verantwortung für sich übernehmen und an sich glauben, trotz schwerer Niederlagen nie oder nur kurzzeitig den Mut verlieren, werden Sie Erfolg haben. Selbstvertrauen ist der goldene Schlüssel dazu.

KAPITEL 3

Wie Sie aus der Sackgasse herausfinden

Ereignisse in unseren Kindheits- und Jugendjahren, die uns stark berührten, haben sich tief in unser Unterbewußtsein eingegraben und dort Spuren hinterlassen. Diese Spuren wirken weit in unser Erwachsenenalter hinein. Sie sind die Ursache für unsere Zwänge und negativen Gedanken, die uns ein ganzes Leben lang begleiten und die dafür verantwortlich sind, daß wir manchmal Dinge tun, die nicht in unserem Interesse sind, daß wir anderen Menschen erlauben, über uns zu entscheiden, und daß wir uns ausnützen lassen. In diesem Kapitel geht es um das, was Sie dagegen tun können. Zuerst werden Sie die Ursachen und später die Lösungsmöglichkeiten kennenlernen. Das Kapitel schließt mit einem kleinen Test.

Die Ursachen

Der innere Mensch, unser für andere Menschen unsichtbares Unterbewußtsein, prägt mit seinen Erfahrungen, Ängsten, Enttäuschungen und Hoffnungen unsere Individualität und beeinflußt den für die anderen sichtbaren äußeren Menschen. Wir können unsere Persönlichkeit und unsere Ausstrahlung nur verändern, wenn wir an die Quelle zurückgehen.

Weil dies so wichtig ist, sei hier einen Abschnitt wiederholt, den ich im Kapitel über das Selbstvertrauen geschrieben habe:

Nur wenige Menschen haben das Glück, in einer gesunden, intakten Familie aufzuwachsen, in einer Umgebung, in der sie sich frei von Bevormundung entwickeln können. Den meisten von uns wurden seelische Verletzungen zugefügt, die unser Selbstvertrauen mehr oder weniger schädigen. Wer in seiner/ihrer Jugend immer nur zurückgewiesen und frustriert wurde, wer häufig Tadel und selten Lob erntete, wer in einem Klima von Unsicherheit, Engstirnigkeit und Mutlosigkeit aufwachsen mußte, wessen Vorbilder keine Toleranz und Liebe vorlebten, wird unsicher und ängstlich. Je mehr Zurückweisung, Lieblosigkeit und Desinteresse jemand einstecken mußte, desto mehr wird sein/ihr Selbstvertrauen Schaden erleiden. Dies gilt auch für Kinder, die maßlos verwöhnt werden, denen alles einfach gemacht wurde und die nie gelernt haben, sich gegen Widerstände zu behaupten.

Wer kennt sie nicht, die kränkenden Sätze:

»Du wirst das nie verstehen!«
»Schon wieder schlechte Noten!«
»Wie oft muß ich dir noch sagen, daß ...«
»Du lernst das nie!«

Wer als Kind immer und immer wieder solche Sätze hört, hat keine Chance, ein gutes Selbstvertrauen aufzubauen.

Solche Zurückweisungen enden aber nicht mit der Kindheit, nur werden sie im Erwachsenenalter etwas eleganter. Der Inhalt bleibt derselbe, die Verpackung ändert. Jetzt sagt der Vorgesetzte dasselbe in anderen Worten:

»Muß ich Ihnen denn alles nochmals erklären?«
»Ich kann Ihnen keine bessere Qualifikation geben!«
»Ich wiederhole mich nicht gern, aber ich sag' es noch einmal.«
»Ich zweifle, daß Sie dazu (jetzt schon) fähig sind.«

Wenn solche Sätze oft genug wiederholt und mit der Autorität von Eltern oder Vorgesetzten ausgesprochen werden, schädigen sie das Selbstwertgefühl immer stärker, bis wir schließlich selbst an sie glauben und ein Gefühl der Ohnmacht empfinden, was zu neuen Enttäuschungen führt: ein Teufelskreis.

In meinem Heimatort, einem kleinen Bauerndorf, wurde ein grober Brauch geübt, der Jahr für Jahr wiederholt wurde. Einige Schulkinder gaben dem Klassentrottel etwas Geld und schickten ihn in die Apotheke der nahen Kreisstadt, um eine Packung »ibidumm« (ich bin dumm) zu kaufen.

Können Sie sich vorstellen, was dieses Kind durchgemacht

hat? Es trägt ja schon das Etikett des Klassentrottels, ist also bereits erheblich verletzt worden. Der Gang in die Apotheke wird eine weitere Wunde in sein Selbstwertgefühl schlagen. In einer derart negativen Umwelt hat das Kind nur zwei Möglichkeiten:

Entweder: Ohnmacht

Die verbreitetste Variante. Die Angst vor Strafe und die Macht der Eltern sind so groß, daß das Kind nicht wagt, seine eigenen Interessen einzubringen und sich zu wehren. Mit der Zeit wird es resignieren; der Zorn gegen die ungerechte Behandlung wird damit nicht verschwinden, er wird sich vielmehr gegen innen richten. Statt Wut auszudrücken, empfindet das Kind jetzt Ohnmacht; es lernt, daß es keine andere Wahl hat, als lieb Kind zu sein. Es hat seine Selbstbestimmung verloren. Im besten Fall wird es sich zu einem braven, überangepaßten, verängstigten Erwachsenen entwickeln. Im schlechtesten Fall werden die Aggressionen so übermächtig, daß es als Erwachsener zu Gewalttaten neigt und/oder alkohol- oder drogenabhängig wird.

Oder: Rebellion

Wenn das Kind über eine starke, innere Vitalität verfügt,

wird es vielleicht rebellieren. Dies wird es vorerst zwar nicht freier machen, denn die Rebellion ruft nach immer stärkerer Machtdemonstration und immer härteren Strafen, mit denen der Widerstand des Kindes gebrochen werden soll. Irgend jemand wird aber schließlich nachgeben – oft ist es das Kind; aber es können auch die Eltern sein. Im besten Fall wird sich solch ein Kind zu einem äußerlich selbstbewußten, innerlich aber immer noch verängstigten Erwachsenen entwickeln. Im schlechtesten Fall ist dies der Stoff, aus dem Diktatoren geformt werden.

Um meine Gedanken möglichst klar zu äußern, konzentriere ich mich auch bei der Schilderung der beiden Muster auf die Extreme. Selbstverständlich sind dazwischen so viele Varianten möglich, wie es Menschen gibt.

Axel Vogt war ein Nachzügler. Sein Vater war bereits 50 Jahre alt, als er, jüngster Sohn einer mittelständischen Familie, in einer kleinen Ortschaft in Deutschland geboren wurde. Die Eltern arbeiteten rund um die Uhr, und seine Geschwister, alle bereits Teenager, waren mit ihren eigenen Problemen beschäftigt, so daß der Junge viel allein war. In den ersten Jahren wurde er von einer Haushalthilfe erzogen; erst später fand man heraus, daß sie den Jungen terrorisierte, um ihre Ruhe zu haben. Axel wurde geschlagen, mußte ohne Essen ins Bett und wurde trotz furchtbarer Angstzustände bei der geringsten Unfolgsamkeit stundenlang in den dunklen Keller des Hauses gesperrt. Bei Beginn der Schulzeit näßte er immer noch das Bett. Er konnte den Lehrstoff nicht verarbeiten und sich nicht in den Schulbetrieb integrieren, weshalb er im Alter von elf Jahren die Schule verlassen mußte. Die Eltern, inzwischen wohlhabend geworden, steckten ihn in ein privates Erziehungsheim, womit er vom Regen in die Traufe kam. Der Gruppendynamik in diesem Heim war er hilflos ausgeliefert, und er wurde von allen Seiten, auch von den Lehrern, gequält. Axel war verängstigt, suchte Hilfe bei falschen Freunden, wurde immer wieder ausgenutzt und konnte sich nicht wehren. Nach einigen Jahren verließ er das Heim und fand Arbeit in einem Handelsbetrieb. Er wechselte oft seinen Arbeitgeber und führte lange ein einsames, freudloses Leben voller Hoffnungslosigkeit.

Können Sie sich vorstellen, was in dem Jungen vorging? Allein und ohne Liebe aufgewachsen, mußte er das Gefühl haben, von der ganzen Welt verraten zu sein. Ein so trauriges Schicksal schlägt unheilbare Wunden und prägt die Persönlichkeit nachhaltig.

Die Geschichte von Axel Vogt hat eine Fortsetzung. Um sie gleich vorwegzunehmen: Er hat sich zu einem erfolgreichen Geschäftsmann entwickelt. Zwar hat er immer noch gewisse Ängste, aber er hat gelernt, mit ihnen zu leben. Wie das möglich war, können Sie im Anhang (Seite 198) nachlesen, wo Fallbeispiele aus der Praxis beschrieben werden.

Der negative Kreislauf

Ein Kind wird von seinen Eltern ununterbrochen kritisiert und zurechtgewiesen. Immer, wenn es sich wehrt, mißbrauchen sie ihre Macht und befehlen ihm, still zu sein. Vielleicht haben die Eltern eigene Probleme, aber das Kind kann das nicht wissen. Der Tadel der Eltern ist für das Kind das absolute Urteil derjenigen Bezugspersonen, denen es bedingungslos vertraut. Es übersetzt die Kritik in seine eigene Sprache und sagt sich: »Ich mache alles falsch.« Wird diese Kritik ständig wiederholt, zerstört sie nachhaltig das Selbstvertrauen des Kindes. Es wird ihm schwerfallen, sich von ihr zu befreien, weil ja mit dem Selbstvertrauen gerade das Werkzeug beschädigt ist, das es für seine Befreiung benötigen würde. Später geht das Kind zur Schule. Weil ihm seine innere Stimme sagt: »Ich mache alles falsch, ich mache alles falsch«, macht es wirklich alles falsch und erfährt noch mehr Kritik. Jetzt sitzt das Kind in der Negativ-Spirale, die es auch später als Erwachsener kaum noch verlassen wird – es sei denn, eine verständnisvolle Vertrauensperson, zum Beispiel ein Lebenspartner, eine Lebenspartnerin oder ein Therapeut trete in sein Leben.

Die Spirale löst einen Multiplikationseffekt mit verheerender Wirkung aus. Wenn das Kind selbst Vater oder Mutter und immer noch in der Negativ-Spirale gefangen sitzt, wird es die eigenen Kinder im selben Stil erziehen. Auch in einer Führungsfunktion, sei es in der Wirtschaft, in der Schule oder in der Politik wird ein geschundener Mensch seine negative Prägung an die nächste Generation weitergeben, denn dies ist ja das einzige Wertesystem, das er kennt.

Negative Gedanken als Schutzschild

Mit negativen Gedanken versuchen wir, uns vor Enttäuschungen zu schützen. Wenn dann das Ereignis tatsächlich eintritt, haben wir es ja vorausgesehen, und es kann uns nicht mehr enttäuschen. Falls sich die Situation aber positiv entwickelt, sagen wir uns: »Es ist nur gutgegangen, weil ich mich nicht darauf gefreut habe. Weiter so!«

Wer zu sehr in einer negativen Gedankenwelt lebt, verhält sich wie ein Maulwurf. Er buddelt sich immer tiefer in sein Loch ein, und je tiefer er gräbt, desto mehr sitzt er im Dunkeln, allein und ohne Kontakt zur Außenwelt. Menschen mit negativer Erwartungshaltung sind in ihrem Leben allzu oft enttäuscht und ihrer Illusionen beraubt worden. Ihre Einstellung zu Mitmenschen ist von Mißtrauen geprägt; sie glauben, daß sie ihre Ängste unter Kontrolle halten können, wenn sie im voraus mit dem Schlimmsten rechnen. Sie realisieren nicht, daß sie dies mit einem gewaltigen Verlust an Lebensqualität bezahlen, und geraten immer tiefer in die Negativ-Spirale hinein, denn negative Gedanken breiten sich schnell aus. Wie Unkraut im Garten ersticken sie die prächtigsten Blumen, wenn wir sie gewähren lassen.

Wie finden wir aus unserer Negativ-Spirale, aus einer negativ geprägten Kindheit, Erziehung oder aus einer tristen Lebenssituation heraus?

Lösungsmöglichkeiten

Unser Leben dauert nur wenige Jahrzehnte. Wir müssen alles daran setzen, diese Jahre so glücklich wie möglich zu verbringen. Das Ziel muß sein, daß wir unsere Begabungen und Talente richtig einsetzen, ohne Behinderung durch Ballast aus unserer Jugend und ohne Manipulation durch andere. Anders gesagt: Wir müssen unseren Kick-mich-Zettel neutralisieren. Erst dann werden wir frei und unabhängig von der (schlechten) Meinung anderer Menschen.

Aber weil so starke Kräfte und Erinnerungen in uns wirken, genügt es nicht, wenn wir uns einfach vornehmen, uns zu ändern. Die Prägung des Kick-mich-Zettels ist zu stark. Wir brauchen Unterstützung, im besten Fall durch Menschen, die uns mögen, oder Fachleuten wie Psychologen und durch Methoden, die sich bewährt haben. Ich habe in Kapitel 5 viele Möglichkeiten beschrieben, die hilfreich sein können. Vielleicht wird die Wahl einer Helferin Ihre erste freie Entscheidung sein.

Ich möchte drei allgemeine Grundsätze aufstellen, die eine Art Regenschirm für unsere Seele bilden können. Sie sind für *Ihren* Erfolg von ausschlaggebender Bedeutung.

Sie müssen lernen:

1. Die Realität zu akzeptieren.
2. Lösungen zu suchen statt Sündenböcke zu finden.
3. Lernen, Ihre Wünsche klar auszudrücken.

Grundsatz 1: Die Realität akzeptieren

Nichts auf der Welt kann das rückgängig machen, was Ihnen angetan wurde. Aber für die Zukunft trifft dies nicht zu. Diese können Sie verändern, und das tun Sie, wenn Sie beginnen, die Verantwortung für sich selbst zu übernehmen. Dieser einfache Satz entscheidet darüber, wie selbstbewußt, unabhängig und glücklich Sie in Zukunft sein werden. Was höre ich? Das sei einfacher gesagt als getan? Es ist bei weitem nicht so schwierig, wie es jetzt vielleicht aussieht; es geht nur um eine neue Art zu denken ...

> *Wichtig ist nicht, was Ihnen angetan wurde.*
> *Wichtig ist nur, was Sie daraus machen.*

Anstatt sich zu überlegen, was in Ihrem Leben schiefgelaufen ist und wer die Schuld daran trägt, müssen Sie sich auf das konzentrieren, was Sie hier und jetzt tun können, um an Ihrer Zukunft zu bauen. Das verstehe ich unter »Verantwortung übernehmen«. Sündenböcke in der Vergangenheit zu suchen ist verschwendete Energie. Viel besser ist es, Ihre Kraft zur Verbesserung Ihres jetzigen und zukünftigen Lebens einzusetzen. Solange Sie Wut und Ohnmacht über das empfinden, was man Ihnen angetan hat, blockieren Sie sich selbst. Jeder Tag bringt eine neue Chance, Ihr Leben zu verbessern.

Ich lernte Erika an einem Wohltätigkeitsanlaß kennen und mochte ihre charmante und gleichzeitig selbstbewußte Persönlichkeit. Wir führten ein gutes Gespräch, trafen uns dann noch einige Male, und so lernte ich ihre Lebensgeschichte kennen. Sie ist so spannend, daß sie vielleicht Menschen, die eine ähnliche Entscheidung zu treffen haben, als Beispiel dienen kann.

Erika hatte eine schwierige Jugendzeit. Ihre Eltern stritten sich dauernd und konnten ihr keinen Halt geben. Nach der Scheidung der Eltern – sie war damals drei Jahre alt – besaß sie kein Zuhause mehr. Sie pendelte zwischen ihrer Mutter, ihrem Vater und den Großeltern hin und her, fand nirgends Liebe oder Zärtlichkeit und konnte keine Wurzeln schlagen. Die Kindheit ohne festes Elternhaus und ohne Bezugspersonen prägte ihr späteres Leben. Sie wurde zur Einzelgängerin, war einsam, fand keine tiefe Beziehung zu anderen Menschen und lebte ganz ihrem Hobby, dem Zeichnen. Alle ihre Bilder wirkten etwas traurig.

Dann fand sie Arbeit als Designerin für Damenmode, und das sollte ihr Leben gründlich verändern. Schon nach wenigen

Jahren entwarf sie Modelle für die großen Modehäuser und pendelte ständig zwischen New York, Tokio, Paris und Berlin. Erika-Design war bestens eingeführt, und in der Branche wurde sie wie ein Filmstar behandelt. Doch trotz aller Wertschätzung, die man ihr entgegenbrachte, war sie nicht glücklich, und immer stärker meldete sich eine innere Stimme zu Wort. Erika war sich bewußt, daß sie in einer Scheinwelt lebte, aber sie vergrub sich in ihre Arbeit, hetzte von Termin zu Termin und nahm sich keine Zeit, über ihre Probleme nachzudenken. Ihr Leben war leer, und immer unüberhörbarer wurde der Gedanke, etwas zu verändern. Diesen Wunsch verdrängte sie während Jahren, denn die Versuchungen des modernen Luxuslebens waren zu stark.

Dann hatte Erika einen schlimmen Autounfall und war wochenlang an ihr Bett gefesselt. Jetzt konnte sie sich der Realität nicht mehr entziehen und begann, über ihr Leben nachzudenken. Der lange Aufenthalt im Spital hatte sie verändert. Noch während der Rekonvaleszenz begann sie eine Psychotherapie, um ihre Jugenderlebnisse aufzuarbeiten. Während dieser Therapie wurde ihr bewußt, daß ihre berufliche Tätigkeit eine Flucht war, und mit der ihr eigenen Vitalität beschloß sie, das zu ändern. Immer schon hatte sie sich für Wale und Delphine interessiert, und nun begann sie, mit Organisationen Kontakt aufzunehmen, die sich für diese Tiere einsetzten. Die Entscheidung, ihren Beruf aufzugeben, brauchte Mut, aber Erika tat genau das. Während eines Jahres baute sie zielgerichtet ihre Kontakte zur Modebranche ab. Es war nicht ihr Stil, ihre Kunden vor vollendete Tatsachen zu stellen, und so half sie allen ihren Geschäftsfreunden, sich neu zu orientieren, bis schließlich nur noch einige übrigblieben, für die sie weiterarbeiten wollte. Erika verlegte ihren Wohnort und setzte ihre Ersparnisse, ihre Arbeitskraft und die ihr eigene Effizienz ein, um gefährdete Meerestiere zu retten.

Als ich Erika ein paar Jahre später wieder traf, war ich überrascht über die positive Veränderung. Sie lebte jetzt ein einfaches Leben, war in einer stabilen Beziehung und strahlte so viel Lebenskraft und Freude aus, daß ich davon geblendet war. Sie war ihrer inneren Stimme gefolgt, hatte auf den Luxus verzichtet und ihre Lebensaufgabe gefunden.

Ihre Persönlichkeit ist einmalig

> *Sie haben, wie wir alle,*
> *ein persönliches Schicksal.*
> *Es hat sie zu einer einmaligen,*
> *unverwechselbaren Persönlichkeit gemacht.*

Dahinter stehen gute und weniger gute, manchmal auch schmerzhafte Erlebnisse. Ihre Jugendjahre sind vielleicht von bösen Gedanken und Erlebnissen überschattet worden, die Ihnen weh getan haben. Auch heute, in Ihrem Leben als Erwachsener, tragen Sie vielleicht noch eine Last aus jener Zeit mit sich herum, und das macht es schwer, Ihr Leben in vollen Zügen zu genießen. Wir hadern oft mit unserem Schicksal, machen andere dafür verantwortlich und suchen Rache für uns angetanes Unrecht. Früher oder später müssen Sie sich aber bewußt sein, daß nichts Ihre Vergangenheit ändern kann, denn sie ist vorbei, abgeschlossen, unveränderbar und lebt nur noch in der Erinnerung. Wenn Sie Ihre Lebensqualität und Ihr Selbstvertrauen verbessern wollen, haben Sie keine andere Wahl, als Ihr Schicksal zu akzeptieren.

Daran führt kein Weg vorbei, aber es ist immer ein schwieriger Vorgang, der weh tun kann und Zeit braucht. Zwar sagt der Volksmund: »Zeit heilt Wunden«, aber schmerzlich ist der Genesungsprozeß trotzdem. Ihre Vergangenheit ist Ihr persönliches Schicksal, das für Sie bestimmt war und das nicht mehr rückgängig gemacht werden kann.

> *Während sich die Schlange häutet,*
> *ist sie sehr verletzlich.*
> *Trotzdem geht sie nie mehr*
> *in die alte Haut zurück.*

Erst wenn Sie in der Lage sind, die schmerzhaften Erlebnisse Ihrer Vergangenheit voll zu akzeptieren, wird sich der Stolperstein in ein Sprungbrett verwandeln, von dem aus Sie zu neuen Ufern gelangen können. Erst dann sind Sie in der Lage, Ihr Leben zu verändern, und nur dann werden Sie die Chance entdecken, die hinter jedem Schicksalsschlag verborgen ist. Nur wenn Sie Ihr Schicksal voll annehmen, ohne einen

»Sündenbock« zu suchen, können Sie die Kette der negativen Einflüsse aus Ihrer Jugend unterbrechen. Der englische Schriftsteller Vernon Howard hat dies eindrücklich formuliert: »Wir können nicht aus dem Gefängnis ausbrechen, wenn wir nicht wissen, daß wir eingesperrt sind.«

Es gibt drei Phasen der Akzeptanz: Rebellion, Erfolg sichern, Korrekturen vornehmen.

Rebellion

Vielleicht haben Sie Zweifel an sich selbst und stellen Ihre Wünsche und Bedürfnisse gern ins zweite Glied. Vielleicht akzeptieren Sie, daß andere Leute Entscheidungen für Sie treffen, und haben manchmal Angst vor Autoritäten. Oder Sie können nicht nein sagen und werden immer wieder ausgenutzt. Vielleicht sagen Sie sich: »Das war immer so und wird immer so sein.«

Hier setzt die erste Phase ein. Es ist die Phase der Rebellion. Sie müssen sich bewußt werden, daß »dem nicht immer so sein wird« und daß Sie die Kraft haben, es zu verändern. Den Anfang mögen kleine Schritte machen: Wir wagen, jemandem zu widersprechen, finden den Mut, einmal nein zu sagen, oder übernehmen die Verantwortung für eine eigene Entscheidung. Wenn sich dann herausstellt, daß sie falsch war, spielt das keine Rolle. Wichtig ist, daß Sie sich bewiesen haben, daß Sie es tun können, denn das wird Ihnen ein gutes Gefühl geben. Jeder noch so kleine Schritt ist wichtig, weil er von der dunklen Ohnmacht ins helle Licht herausführt. Rückschläge? Die gehören dazu und sind auch nicht so wichtig. Sie sollten sich statt dessen darüber freuen, daß Sie es gewagt haben, die Ketten der Selbstzweifel zu sprengen, und daß Sie jetzt den Anfang gemacht haben, wieder an sich zu glauben, in kleinen Schritten vorerst, aber immerhin: ein Anfang ist gemacht. Wenn Sie gläubig sind, haben Sie es einfacher, Sie können Gott um Beistand bitten. Wer nicht an Gott glauben kann, findet vielleicht Kraft im Gedanken an das Urvertrauen, über das wir alle verfügen und das uns unsere Lebenskraft geben hat.

Erfolg sichern

Jetzt geht es darum, die anfänglichen Erfolge zu festigen. Es ist von Vorteil, wenn Sie jetzt Verbündete finden, die Sie unterstützen, denn Ihre Veränderung wird um so erfolgreicher sein, je besser die Kontrolle von außen ist. Sie laufen sonst Gefahr, immer wieder in das alte, jahrelang eingeübte Muster zurückzufallen. Diese Verbündeten können Ihr Lebenspartner oder eine Lehrerin, ein Geistlicher, eine Freundin, eine Psychologin oder ein erfahrener Mensch sein, die es gut mit Ihnen meinen und die das Problem kennen. In Büchern, Zeitschriften und im Internet finden Sie Hilfe, in einem der vielen psychologischen Ratgeber oder in einer Chat-Gruppe. Fragen Sie bei Behörden, dem Sozialamt, Ihrer Kirche nach. Allenfalls können Sie in einer Selbsthilfegruppe mitmachen. Und wenn es diese in Ihrer Umgebung noch nicht gibt, gründen Sie selbst eine, denn viele Menschen haben ähnliche Probleme wie Sie; ich bin überzeugt, daß Sie gleichgesinnte Teilnehmer und einen Gruppenleiter finden werden. Wenn Sie sie gefunden haben, vereinbaren Sie regelmäßige Zusamenkünfte, vielleicht einmal pro Woche. Vor allem, seien Sie sich selbst gegenüber ehrlich; Sie sind es sich schuldig.

Persönliche und berufliche Korrekturen vornehmen

In der dritten Phase geht es darum, Ihr neues Leben den Veränderungen anzupassen. Ihr Alltag wird jetzt anders aussehen, denn Sie haben Ballast abgeworfen und das Korsett ausgezogen, das Sie eingeengt hat. Vieles wird sich verändern. Sie werden persönliche und berufliche Korrekturen vornehmen, die nicht überall verstanden werden, aber Sie sind jetzt stark genug, um dem Widerstand begegnen zu können. Jetzt sind Sie unabhängig, schätzen Ihre Freunde richtig ein und beginnen, Ihr eigenes Leben zu leben, nicht das, das andere von Ihnen erwarten. Sie sind jetzt bereit, die Verantwortung für Ihre Entscheidungen zu übernehmen, und brauchen keinen Sündenbock mehr. Aber bis dahin sind noch ein paar Hürden zu überspringen. Die vielleicht wichtigste und schwierigste ist zu lernen, ehrlich zu Ihren Emotionen, vor allem zu Ihren Aggressionen, zu stehen. Sie werden mit Rückschlägen rechnen müssen, denn diese gehören dazu. Lassen Sie sich nicht entmutigen. Wenn sie bereits hier angelangt sind, würden Sie zu viel verlieren.

Hier will ich noch einen Gedanken einschieben, der Ihnen helfen kann, Verzeihung zu finden für das, was Ihnen angetan wurde. Vielleicht waren Ihre Eltern, Ihre Erzieher damals selbst Gefangene ihres Schicksals und konnten nicht anders handeln. Und rückblickend werden Sie vielleicht sogar Dankbarkeit dafür empfinden, daß die harte Jugend Sie geformt und widerstandsfähig gemacht hat, so daß Sie heute in der Lage sind, Belastungen zu ertragen, die Sie ohne jene Prüfungen nicht meistern könnten.

> *Alles, was uns zustößt,*
> *trägt eine versteckte Lektion in sich.*

Wenn Sie diese entdecken, verfügen Sie über eine wichtige Quelle, um in Ihrem Leben Kurskorrekturen vornehmen zu können. Die schwierige Jugend hat Ihnen zwar Schmerzen zugefügt, sie hat Ihnen aber auch die Möglichkeit gegeben, zu lernen, sich zu entwickeln. Sie hat Sie stärker gemacht. Diese Stärke sollten Sie jetzt einsetzen, um Ihr persönliches Schicksal zu akzeptieren und loszulassen.

Grundsatz 2: Lösungen suchen statt »Sündenböcke« finden

Wenn etwas schiefgegangen ist, suchen wir einen Schuldigen. Ob dieser Mensch tatsächlich schuldig ist, überprüfen wir nicht, denn jetzt haben wir jemanden gefunden, auf den wir unsere Wut konzentrieren können. Dies befreit uns davon, selbst Verantwortung zu übernehmen. Natürlich ist das eine Illusion, denn wir können unserer Verantwortung nie entfliehen.

Die Suche nach dem Prügelknaben ist verlorene Zeit. Wem können wir die Schuld an den bösen Erlebnissen in unserer Jugend anhängen? Waren es die Eltern, die Lehrer? Und schon haben wir ein Ventil gefunden, um unsere Enttäuschung und unsere Wut ausleben zu können. Aber mit dem Sündenbock lösen wir keine Probleme. Wir schaffen nur neue und begeben uns in neue Abhängigkeiten. Anstatt einen Schuldigen zu suchen, ist es konstruktiver, das Problem direkt anzugehen und nach Lösungen zu suchen.

> *Negative Menschen suchen Sündenböcke.*
> *Positive Menschen lösen Probleme.*

Was, wenn ich selbst der Sündenbock bin?

Wenn Sie unter einer falschen Erziehung gelitten haben und noch heute starke Belastungen und Zurückweisungen ertragen müssen, ist es verständlich, wenn Sie ständig an sich zweifeln und sich selbst zum Sündenbock machen. Sie tun das, indem Sie sich nichts zutrauen und indem Sie ständig wiederholen, daß Sie dies oder jenes nicht können. Das ist genauso falsch wie die Suche nach dem Sündenbock.

Thomas hört herzhaftes Lachen von mehreren Personen im Büro nebenan. Er öffnet die Tür, und plötzlich verstummen alle, setzen sich wieder an ihren Platz und fangen an, wortlos zu arbeiten. Innerhalb einer Sekunde hat sich die Stimmung verändert. Er sagt sich: »Die haben sich über mich lustig gemacht; was habe ich jetzt wieder falsch gemacht ...?« Automatisch steigt die Wut hoch, auch wenn sie sich noch nicht gegen eine bestimmte Person richtet – aber er wird schon jemanden finden. Auf jeden Fall ist Thomas in seinem Selbstvertrauen gestört.

Warum macht sich Thomas so negative Gedanken und zweifelt so stark an sich, daß er nur noch schwarz sieht? Es könnte doch sein, daß die Gruppe eine Überraschungsparty für seinen Geburtstag plant? Es gibt so viele positive Möglichkeiten, und doch sehen wir oft nur die negative Seite. Zwischen Tatsachen und Vermutungen gibt es einen großen Unterschied:

> *Tatsachen sind reale Fakten,*
> *Vermutungen sind das, was wir ihnen andichten.*

Grundsatz 3: Unsere Wünsche klar ausdrücken

Wenn Sie etwas verändern wollen, müssen Sie den Beginn des Wollknäuels suchen, dort wo alles seinen Anfang nimmt. Daß Sie sich ausnützen lassen, ist nicht der Anfang, sondern das Resultat. Es kann nur geschehen, weil Sie der anderen Seite nicht klar und deutlich Ihre Wünsche und Empfindungen mitteilen, weil Sie nicht NEIN sagen können, solange es noch möglich ist. Mehr zu diesem Thema im Kapitel 4 »Nicht auf meine Kosten«.

Der Boß und sechs Mitarbeiter sind an einer Sitzung, um die Reorganisation einer Abteilung zu diskutieren. Der Chef sagt in jovialem Ton zu Ihnen: »Ich möchte diesen Rapport bis Montag haben. Das können doch Sie übernehmen, nicht wahr?« Er setzt Ihr Einverständnis voraus und geht gleich zum nächsten Traktandum über. Sie nicken mit dem Kopf, sind aber wütend, weil Ihr Wochenende futsch ist …

Sie haben den Moment verpaßt, da Sie etwas hätten sagen können. Hier ist ein alltägliches Beispiel im selben Zusammenhang:

Diesmal geht es um die Korrektur von Daten, die durch ein defektes Zeiterfassungssystem verursacht wurden, und wiederum entscheidet die Chefin, daß Sie diese Arbeit in drei

Tagen abliefern. Diesmal aber sind Sie vorbereitet: »Ich möchte zuerst herausfinden, was damit verbunden ist, und werde mich nach der Sitzung bei Ihnen melden.«

Was für ein Unterschied! Im ersten Beispiel haben Sie Ihrem Vorgesetzten unausgesprochen mitgeteilt, daß er über Sie verfügen kann; und das werden Sie früher oder später zu spüren bekommen. Im zweiten Beispiel haben Sie kein automatisches Ja gegeben, sondern klar ausgedrückt, daß Sie sich das zuerst überlegen möchten. Sie haben das Heft nicht aus der Hand gegeben.

Ein Freund von mir mit einer makellosen Karriere, seit kurzer Zeit Kadermitarbeiter einer größeren Firma, hat durch die Änderung eines internen Arbeitsablaufs immense Kosten eingespart, ohne daß dies von der Firmenleitung je anerkannt worden wäre.

Bei mir beklagte er sich darüber, daß die Angelegenheit nicht einmal erwähnt wurde. Kurze Zeit später deckte er einen groben Schwindel auf und konnte dadurch die Firma vor hohen Verlusten bewahren. Wiederum keine Anerkennung, kein Dank, keinerlei Erwähnung. Kürzlich lud er mich zum Mittagessen ein und teilte mir mit, daß er soeben ein Qualifikationsgespräch mit seinem Vorgesetzten geführt habe, in dem er als nur durchschnittlich qualifiziert wurde. Der Chef habe die beiden Ereignisse mit keinem Wort erwähnt. Als er dann selbst darauf zu sprechen kam, habe er zur Antwort erhalten, daß er ja schließlich dafür bezahlt werde. Das schnippische Wort traf ihn wie eine Ohrfeige und er wollte meinen Rat haben.

Ich riet ihm, die Firma zu wechseln. Er hatte zu oft ja statt nein gesagt. Unter diesem ichbezogenen Chef hatte er keine Chance mehr, das zu korrigieren.

> *Wer zu viel ja statt nein sagt,*
> *wird immer wieder ausgenutzt werden.*

Nein zu sagen ist oft nicht nur sachlich notwendig, sondern vor allem auch deshalb, weil wir sonst ein falsches Signal geben.

Es gibt selbstverständlich Situationen, wo ein Ja richtig ist. Wenn es für Sie stimmt, dann ist es richtig, egal, ob es dabei um die Hilfe beim Umzug geht oder darum, einen kurzen Termin für einen Bericht zu akzeptieren. Sobald Sie aber ein ungutes Gefühl haben oder auch nur flüchtig den Eindruck erhalten, sie würden ausgenutzt, müssen Sie klar Ihre Meinung sagen. Die Frage ist nur, wie Sie das tun können, ohne allzuviel Geschirr zu zerschlagen.

Wie sag' ich's meinem Chef?

Immer und immer wieder sind Sie ausgenutzt worden, aber jetzt sagen Sie sich: »Genug ist genug!« und wollen einen

Punkt setzen. Immer wieder haben Sie sich gesagt: »Das lasse ich mir nicht gefallen« oder »Das kann man mit mir nicht machen!« oder »Bis hierher und nicht weiter!« Diesmal werden Sie reagieren! Glauben Sie, daß das gutgehen wird? Es mag sein, aber nur wenn Sie eine wichtige Regel beachten:

> *Lassen Sie Ihre Aggressionen aus dem Spiel, und bleiben Sie sachlich.*

Dies ist vielleicht der schwierigste Punkt überhaupt, da er viel Selbstdisziplin erfordert. Es ist doch verständlich, daß Sie von den erlittenen Zurücksetzungen und den vielen kalten Duschen, die Ihnen verpaßt wurden, frustriert sind. Vielleicht sind Sie auch wütend, weil Ihnen das immer wieder geschieht und weil Sie es bisher immer durchgelassen haben. Vielleicht wird Ihre Wut noch größer, wenn Sie daran denken, was für Frustrationen Sie in Ihrer Kindheit erleben mußten. Und dies ist der Hintergrund, wenn Sie sich sagen, daß sich das nun ändern muß. Aber aufgepaßt, es ist nur ein kleiner Schritt von der Wut bis zur Aggression.

Wut zerstört

Sie haben das Recht, wütend zu werden, aber Sie müssen Ihre Wut unter Kontrolle halten. Ich schlage Ihnen vor, daß Sie

Ihre Entrüstung – sinnbildlich gesehen – tiefgefrieren, damit Ihre Wut keinen Schaden anrichtet und Sie nicht zu Reaktionen verleitet, die Sie später bereuen. Denn gerade jetzt ist es wichtig, einen klaren Kopf zu bewahren. Keine Angst, Ihr Zorn geht nicht verloren. Er kann jederzeit wieder aufgetaut werden. Wenn Sie vor dem Hochsteigen der Wut eine Schrecksekunde einbauen und einige Male tief durchatmen, kann das Ihnen helfen, Ihren Wutausbruch zu kontrollieren.

Sonja Ammann hatte viel Zeit in die Suche nach einer neuen Wohnung investiert und war überglücklich, als sie endlich eine neue Bleibe gefunden hatte. Die Lage war perfekt, und der Grundriß entsprach genau ihren Erwartungen. Als sie vom Vermieter die mündliche Zusage erhielt, war sie überglücklich. Doch der Vertrag kam nicht. Sie wartete eine Woche und noch eine Woche, wurde immer nervöser und machte sich Gedanken darüber, was sie falsch gemacht hatte. Bestimmt hatte sie beim Vermieter keinen guten Eindruck hinterlassen, und dieser hatte die Wohnung anderweitig vermietet. Mit der Zeit war Sonja überzeugt, daß sie die Wohnung nicht erhalten würde, und malte sich aus, der Vermieter habe sie an der Nase herumgeführt und überhaupt ... Parallel zu ihrer Enttäuschung wuchs auch die Wut. Nachdem ihr einige »gute Freunde« geraten hatten, daß sie sich das nicht gefallen lassen müsse, rief sie den Vermieter an und entlud ihre Enttäuschung und ihre Wut auf seinen Anrufbeantworter. Am nächsten Tag war der Vertrag in der Post. Der Vermieter war in den Ferien gewesen.

Doch dieser weigerte sich, den Vertrag auszustellen, nachdem er das Band abgehört hatte. Sonjas Befürchtungen wurden Tatsache, durch ihr eigenes Verschulden. Sie hatte ihre Wut nicht kontrollieren können und mußte den Preis dafür bezahlen.

Ein kleiner Test

Ich schließe das Kapitel mit einem Test und schildere drei Fälle, die sich tatsächlich zugetragen haben. Jede Hauptperson reagiert auf eine bestimmte Art. Sind Sie mit der Reaktion einverstanden? Wenn nicht – was würden Sie anders machen? Antworten siehe Seite 129 ff.

Das verlorene Papier des Anwalts

Es ging um den Kauf eines Grundstückes. Die Eigentumsübertragung sollte am Freitag stattfinden, mußte aber verschoben werden, weil das Anwaltsbüro ein wichtiges Dokument nicht rechtzeitig an die Bank geliefert hatte. Dies war nicht das erste Mal, daß Peter F. Probleme mit seinem Anwalt hatte, aber bisher hatte er nie etwas gesagt. Auch waren die letzten Rechnungen seiner Meinung nach viel zu hoch, aber er hatte sie stillschweigend bezahlt. Und nun dies! Wutentbrannt ging Peter F. zum Anwalt und verlangte eine Erklärung.

»Ich darf doch wohl erwarten, daß mein Anwalt ein Dokument zur Zeit abliefern kann? Oder ist das zu viel verlangt?«

»Lassen Sie mich abklären, was geschehen ist ...«, versuchte der verblüffte Anwalt zu erwidern, denn er hatte Herrn F. noch nie derart wütend gesehen. Doch Peter F. unterbrach ihn:

»Das ist nicht nötig. Das Dokument ist nicht bei der Bank eingetroffen, und mehr muß ich nicht wissen. Durch Ihre Schlamperei riskiere ich, das Grundstück zu verlieren. Aber wenn das geschieht, werde ich Sie dafür verantwortlich machen, Sie können Gift darauf nehmen.«

Zornentbrannt verließ er die Anwaltskanzlei. Denen hatte er es gesagt. Er war doch kein kleiner Junge mehr und mußte sich nicht alles gefallen lassen!

Aber nach kurzer Zeit schon hatte er ein unangenehmes Gefühl. Wie würde der Anwalt reagieren? War er beleidigt? Der Zwiespalt zwischen dem Stolz, sich gewehrt zu haben, und der Angst, sich den Anwalt zum Feind gemacht zu haben, beschäftigte ihn und gab ihm ein ungutes Gefühl, an dem er lange zu kauen hatte.

Das Ende der Geschichte? Den Anwalt traf keine Schuld, weil er das Dokument rechtzeitig abgeliefert hatte. Es war bei der Bank verlorengegangen. Peter F. entschuldigte sich und hatte wieder einmal das Gefühl, zu Kreuze gekrochen zu sein.

Er hatte sich mit seiner unkontrollierten Wut nur eine weitere Blöße gegeben.

Sie sind nun Peter F. Wie hätten Sie sich an seiner Stelle verhalten? Was müssen Sie tun, um von Ihrem Kick-mich-Zettel freizukommen? Die Antwort finden Sie auf Seite 129 f.

Das Gespräch in der Konditorei

Zwei Kolleginnen trafen sich in einer Konditorei zu einem Plauderstündchen. Eine von ihnen war Regina Fischer. Die andere, Petra Meier, äußerte sich abschätzig über eine gemeinsame Bekannte, erzählte eine negative Geschichte nach der anderen und war nicht zu bremsen. Regina war das sehr unangenehm, weil sie grundsätzlich gegen Klatsch war, aber sie wollte ihre Freundin nicht verärgern, gab halbherzige Antworten und versuchte erfolglos, das Thema zu wechseln, denn Petra war zu sehr in Fahrt gekommen. Nach dem Gespräch fühlte sich Frau Fischer hilflos, weil es ihr nicht gelungen war, die Klatschtante zum Schweigen zu bringen. Nach einiger Zeit dachte sie nicht mehr daran und vergaß das Gespräch.

Es wurde ihr abrupt wieder bewußt, als sie einen Anruf der Bekannten erhielt, über die ihre Freundin so hergezogen war. Ohne Einleitung teilte sie ihr mit, daß Sie schwer enttäuscht sei. Es sei ihr zu Ohren gekommen, mit welchen bösartigen Behauptungen Regina Fischer über sie hergezogen sei. So viel Bösartigkeit hinter ihrem Rücken hätte sie nicht erwartet. Ende des Gesprächs. Hörer aufgelegt.

Frau Fischer war verstört. Sie hatte doch kein böses Wort gesagt. Sie rief zurück, um sich zu erklären, und hinterließ mehrere Mitteilungen auf dem Anrufbeantworter, doch die Bekannte rief nicht zurück. Dann schrieb sie ihr einen langen Brief, wieder erhielt sie keine Antwort. Schließlich schaltete sie eine Freundin ein, um einen Kontakt herzustellen, doch auch das blieb ohne Erfolg. Regina Fischer machte sich Vorwürfe, zweifelte an sich; das Vorkommnis war für sie sehr schmerzlich. Sie hatte ohne eigenen Fehler eine gute Bekannte verloren.

Schlüpfen Sie in die Rolle von Regina Fischer. Finden Sie, daß sie sich richtig verhalten hat? Was hätten Sie an ihrer Stelle getan?

Die Party

Die Hauptperson in dieser Geschichte ist David Kroll, Abteilungsleiter einer Finanzgesellschaft. Eine seiner Mitarbeiterinnen, Polly Weber, hatte die ganze Abteilung für kommenden Samstag abend, um 19 Uhr, zu ihrer Geburtstagsfeier eingeladen. David traf mit seiner Freundin Doris um 20 Uhr ein. Die Wohnung war wunderschön dekoriert, ein reichhaltiges Buffet wartete auf hungrige Gäste; Polly hatte offensichtlich alles getan, um ihre Besucher zu verwöhnen, doch niemand außer Doris und David ließ sich blicken. Als sich Urs Frei kurz vor 22 Uhr verabschiedete, waren sie immer noch zu Dritt, und Polly tat ihm leid. Er wußte nicht, was vorgefallen war, wollte aber der Sache auf den Grund gehen und rief alle Mitarbeiter seiner Abteilung am nächsten Tag zusammen. Es war ein günstiger Moment, da Polly an diesem Tag nicht arbeitete. »Wer gestern an Pollys Party war, möchte bitte die Hand heben«, begann er, aber niemand meldete sich. David schilderte dann den gestrigen Abend, berichtete über die Mühe, die sich Polly gegeben hatte, und darüber, daß er und seine Freundin die einzigen Gäste waren. In klaren Worten sagte er, wie groß seine Enttäuschung sei, daß sich die Mitarbeiter seiner Abteilung so unkollegial verhalten hätten. »Wie würden Sie sich fühlen, wenn Ihnen dasselbe widerfahren wäre?« fuhr er fort und appellierte an die Gruppe, die Angelegenheit in Ordnung zu bringen.

Davids Gardinenpredigt hatte Folgen – aber nicht diejenigen, die er sich vorgestellt hatte. Zwei Mitarbeiter beklagten sich bei der Direktion darüber, daß er ihre Privatsphäre verletzt und sich in ihre privaten Angelegenheiten eingemischt habe. Darauf wurde der »Fall« intern untersucht. Urs Frei hatte sich mit seinen klaren Worten erhebliche Unannehmlichkeiten eingehandelt.

Soweit die Geschichte. Sind Sie mit der Vorgehensweise von David einverstanden? Oder sind Sie der Meinung, daß er sich in etwas eingemischt hat, das ihn nichts anging, und daß er besser geschwiegen hätte?

Schließen Sie nun das Buch, und machen Sie sich Ihre Gedanken. Wenn Sie Ihre Meinung schriftlich niederschreiben, ist das von Vorteil. Die Lösungen finden Sie nachstehend.

Lösungsvorschläge

Das verlorene Papier des Anwalts – der Kommentar

Zuerst muß Peter F. herausfinden, warum er dem Anwalt gegenüber derart aggressiv reagiert. Beim Nachdenken wird er vermutlich feststellen, daß er über sich selbst verärgert war, weil er immer alles geschluckt und seinen Standpunkt nie klargemacht hat. Er kann dies jetzt korrigieren und das, was ihn gestört hat, zur Sprache bringen. Um keinen Punkt zu vergessen, sollte er eine Liste aller Probleme erstellen.

Das Gespräch beim Anwalt könnte folgendermaßen ablaufen:

»Die Bank hat mir gesagt, daß Ihr Büro das Dokument nicht

geliefert hat. Das hat mich geärgert, weil die Eigentumsübertragung deswegen verschoben werden mußte. Können Sie mir sagen, was geschehen ist?«

Der Anwalt wird in seinem Sekretariat nachfragen und herausfinden, daß das Dokument vor drei Tagen einem Mitarbeiter der Bank ausgehändigt worden ist, der den Empfang schriftlich bestätigt hat. Der Fehler muß also bei der Bank liegen. So weit, so gut; aber Peter F. hatte sich vorgenommen, das Heft in der Hand zu behalten.

»Würden Sie dies der Bank mitteilen, damit diese der Sache nachgehen kann? Vielen Dank. Wenn wir schon zusammensitzen, möchte ich gern noch ein paar andere Dinge zur Sprache bringen. Da ist zunächst einmal Ihre letzte Rechnung ...«

Peter F. wird nun seine ganze Liste Punkt um Punkt durchbesprechen. Er wird vermutlich nicht überall recht erhalten, aber das ist nicht so wichtig. Von Bedeutung ist hingegen, daß er das Signal gegeben hat, daß er in Zukunft ernst genommen werden muß.

Das Gespräch in der Konditorei – der Kommentar

Regina Fischer hat sich nur den einen Fehler vorzuwerfen, daß sie ihre Freundin in der Konditorei nicht unterbrochen und ihre Position klargemacht hat. Sie hätte eindeutig ihre

Meinung vertreten, das Thema energisch wechseln oder sich verabschieden müssen. Als das unfreundliche Telefon kam, war sie von schlechtem Gewissen geplagt und reagierte falsch. Durch die vielen Versuche, mit der Freundin ins Gespräch zu kommen, gab sie Signale von Unterwürfigkeit, die als Schuldeingeständnis interpretiert wurden. Aber gab es denn nichts, was Regina Fischer hätte tun können? Doch. Sie hätte sich sagen müssen, daß die Reaktion der Dame unverhältnismäßig war und daß ihr keine Möglichkeit gegeben wurde, sich zu rechtfertigen. Und sie hätte sich die Illusion eingestehen müssen, daß dies eine Freundschaft sei. Aber dazu hätte Regina Fischer mehr Selbstvertrauen benötigt, als sie im Moment hatte. Eine mögliche Reaktion wäre auch gewesen, der Freundin einen kurzen Brief zu schreiben, den Sachverhalt zu klären, ihrer Verwunderung darüber Ausdruck zu geben, daß sie keine Möglichkeit erhalten habe, ihre Sicht darzulegen, und mit den Worten zu schließen, daß ihre Türe offenbliebe. Dieses starke Signal hätte von der anderen Seite aufgenommen werden müssen, wenn dieser überhaupt etwas an der Freundschaft zu Regina Fischer lag.

Der größte Fehler von Regina Fischer war der, daß sie ihre eigenen Interessen vernachlässigt und denjenigen ihrer »Freundin« untergeordnet hatte. Sie wollte lieb Kind sein und mußte nun lernen, daß es sich nicht lohnt, seine berechtigten Interessen zu opfern.

Die Party – der Kommentar

David Kroll handelte korrekt und schnell – ein Zeichen seines starken Selbstvertrauens. Er hatte keine andere Wahl. Nicht nur daß das Klima in der Abteilung vergiftet worden wäre, er hätte im stillen immer wieder an die enttäuschte Polly denken müssen. Er hat seinen Standpunkt klar dargelegt, obwohl er sich bewußt war, daß das Folgen haben könnte. Nur dadurch konnte er sich vor negativen Gedanken schützen. Zu seiner Meinung zu stehen braucht Zivilcourage (siehe Kapitel 3) und kann Konsequenzen haben.

Möchten Sie wissen, wie die Geschichte ausgegangen ist? Die Untersuchung hat bestätigt, was David Kroll vermutet hat. Die beiden Mitarbeiter, die sich über David beklagt hatten, waren die Ursache für das schlechte Betriebsklima. Sie hatten ihre Kollegen manipuliert und Pollys Pläne für die Geburtstagsparty durchkreuzt. Beide haben die Firma kurz nach dem Vorfall verlassen.

Kapitel 4

Nicht auf meine Kosten!

Wer sich immer wieder ausnutzen läßt, kommt irgendwann zur Überzeugung, daß es so nicht weitergehen kann. Dann sagen wir: »Genug ist genug« und wollen die Situation verändern. Leider hält dieser Wunsch nicht lange an und verläuft schließlich im Sand, weil wir innerlich nicht darauf vorbereitet sind. Dieses Kapitel zeigt, wie Sie diesen Schritt erfolgreich bewältigen können.

Wenn ein Kälblein geboren wird, steht es nach wenigen Minuten auf eigenen Beinen und läuft herum. Die Mutter muß es zwar noch ernähren, aber sonst trägt sie wenig Verantwortung für das Neugeborene. Es verfügt bereits bei der Geburt über das Wissen, das nötig ist, um zu überleben. Die Welt der Menschenkinder sieht anders aus. Ein Baby empfindet sich als wichtigstes Wesen der Welt und erfährt, daß seine Wünsche sofort erfüllt werden. Wenn es schreit, erhält es Aufmerksamkeit. Wenn es hungrig ist, wird es gefüttert. Wenn es nasse Höschen hat, werden die Windeln gewechselt. Aber das Baby wird älter, und irgend einmal wird der junge Mensch lernen müssen, daß die Welt nicht so ist, wie er als Kind geglaubt hatte. Er wird viele Jahre brauchen, um all die Dinge zu lernen, die er für sein Leben benötigt, aber er muß ein ganzes Leben lang lernen, die richtigen Entscheidungen zu treffen. Immer wieder wird er Fehler machen, und immer wieder muß er lernen, die Verantwortung dafür zu übernehmen.

Stellen Sie sich vor, wie es wäre, wenn Sie von jetzt an alles selbst bestimmen würden und Sie sich nichts mehr gefallen ließen. Dann hätten Sie zwar Ihren Willen, aber keine Freunde mehr. Sie würden alle vor den Kopf stoßen, und niemand würde Sie verstehen, weil Ihre neue Reaktionsweise für alle unerklärlich wäre. Denken Sie daran, daß Ihre Persönlichkeit die Basis für Ihre sozialen Kontakte bildet. Heute sind Sie, mit allen Ihren Vor- und Nachteilen, in ein gesellschaftliches Netz eingebettet. Ein Teil davon ist Ihre unterschwellige Bereitschaft, sich ausnutzen zu lassen. Dieser Lernprozeß ist etwas komplizierter, und wir müssen ihn langsam angehen. Er kann in folgenden Schritten ablaufen:

1. Analysieren Sie Ihre Reaktionen.
2. Realisieren Sie, daß es echte und falsche Freunde gibt.
3. Lernen Sie, NEIN zu sagen.
4. Ordnen Sie Ihre Prioritäten neu.
5. Widerstehen Sie dem Druck.
6. Die Reise in unser Inneres.

1. Analysieren Sie Ihre Reaktionen

Versuchen Sie immer wieder, Ihre Reaktionen genau so zu beurteilen und zu hinterfragen, wie es eine aufmerksame Drittperson tun würde. Das soll aber keine todernste Angelegenheit sein, sondern ein spannendes Spiel, ein kleiner, persönlicher Krimi, um den Motiven Ihres Handelns auf die Spur zu kommen.

Diese Analyse muß nicht immer sofort geschehen. Es ist sogar von Vorteil, wenn Sie etwas Abstand zwischen Reaktion und Analyse bringen. Mitten in einem bösen Wutanfall werden Sie kaum Lust verspüren, sich zu hinterfragen. Versuchen Sie es später, wenn Sie sich beruhigt haben. Wenn Sie ehrlich mit sich sind, werden Sie wertvolle Hinweise erhalten, warum Sie so und nicht anders reagiert haben, denn Ihre Reaktion gibt Ihre inneren Gefühle preis.

Sie können das Spiel auch weiterführen und Ihren Fragenkatalog zum Beispiel mit solchen Fragen erweitern:

Warum wurde ich derart wütend?
Weshalb habe ich an mir gezweifelt?
Warum habe ich Angst empfunden?
Weshalb konnte ich mich nicht besser unter Kontrolle halten?
Wollte ich jemanden beeindrucken?
Oder von jemandem Anerkennung holen?

Warum ärgert mich dieser unbedeutende Vorfall so stark?
Weshalb empfinde ich so stark?
Warum habe ich mich hinreißen lassen?
Weshalb habe ich mich überhaupt darauf eingelassen?

Wenn Sie gern schreiben, könnten Sie sich die Antworten zu diesen Fragen in Ihr Tagebuch (siehe »Kreatives Schreiben« auf Seite 173) schreiben. Eine andere Möglichkeit, Ihre Motive kennenzulernen, ist die Meditation (siehe Seite 174 ff.).

Aber das ist eine Angelegenheit, die sich strikte nur zwischen »Ihnen und Ihnen« abspielen darf. Es geht niemanden etwas an, was für Fragen Sie sich stellen und wie die Antworten lauten, es sei denn, Sie würden einen professionellen Therapeuten oder sonst eine vertrauenswürdige Person zuziehen. Das wäre ein Vorteil und könnte den Prozeß erheblich abkürzen, weil Sie dann eine Kontrollinstanz hätten, die sich nicht ablenken und in die Irre führen läßt. Aber das ist keine zwingende Notwendigkeit, denn Sie werden sich gegenüber bestimmt ehrlich sein. Schließlich wissen Sie ja, worum es geht.

Nehmen Sie sich genügend Zeit, und lassen Sie sich nicht entmutigen. Die Antworten kommen nicht sofort, und wenn sie kommen, braucht es nochmals Zeit, bis Sie bereit sind, sie zu akzeptieren. Wenn Sie ein guter Detektiv sind, werden Sie nach und nach einen wichtigen Einblick in Ihr Seelenleben erhalten; und das könnte den Grundstein zu einer wichtigen Veränderung legen. Vielleicht verstehen Sie noch nicht genau, was Sie zu dieser oder jener Reaktion verleitet hat, aber Sie erhalten einen ersten Hinweis darauf, wo die Probleme liegen, wo der »Hund begraben liegt«, um es salopp auszudrücken.

Selektive Wahrnehmung

Wir hören das, was wir hören wollen, und vermischen oft die Sach- mit der Gefühlsebene. Psychologen nennen dieses Phänomen »selektive Wahrnehmung«. Wir nehmen nur das wahr, was wir wahrnehmen wollen. Oft empfinden wir sachliche Kritik als persönlichen Angriff und reagieren entsprechend. Und oft lassen wir uns von unserer vorgefaßten Meinung manipulieren.

Um dies zu beweisen, sind viele wissenschaftliche Tests durchgeführt worden, die alle zum gleichen Resultat geführt haben: daß wir uns durch unsere vorgefaßte Meinung manipulieren lassen. An zwei Beispielen möchte ich die Wirkung der »selektiven Wahrnehmung« zeigen.

1968 führte der Franzose Michel Gauquelin ein Experiment durch, das in Fachblättern häufig zitiert wird. Er ließ in einem bekannten Magazin ein Inserat erscheinen, das ein kostenloses Horoskop offerierte. Über 500 Personen meldeten sich, worauf alle den gleichen Text zugesandt erhielten: das Horoskop, das der bekannte Astrologe André Barbault vom französ-

sischen Massenmörder Petiot erstellt hatte. Dem Horoskop war ein Fragebogen mit dem Ersuchen beigefügt, diesen ausgefüllt an den Absender zurückzusenden. Die Hauptfrage im Fragebogen lautete, ob der Horoskoptext den Charakter des Empfängers korrekt beschreibe. 94 Prozent der Antwortenden waren überzeugt, daß das Horoskop »ihren Charakter zutreffend« beschrieb.

Das Experiment wurde auch an anderer Stelle wiederholt, zum Beispiel vor wenigen Monaten in Köln. Diesmal wurden für das Horoskop die Daten des deutschen Massenmörders Friedrich Haarmann verwendet, der in den dreißiger Jahren 24 Menschen brutal umgebracht hatte. Über 200 Personen meldeten sich. Das Ergebnis war abermals verblüffend. 91 Prozent meinten, daß im Horoskop »mein Charakter korrekt beschrieben wird«. 15 Prozent waren sogar der Meinung, der Deutungstext sei »absolut perfekt«.

> *Viele Menschen erachten das für richtig,*
> *was sie von vorneherein für richtig halten wollen.*

Oft hören wir nicht das, was gesagt wurde

Dadurch verursachen wir große Mißverständnisse. Vielleicht haben wir einfach nicht richtig zugehört oder etwas in die Aussage des andern hineingelesen, das nicht da war. Hier einige Beispiele überinterpretierter Aussagen:

A sagt:	*Die Türe war nicht abgeschlossen.*
B hört:	Warum hast du die Türe wieder nicht abgeschlossen?
B denkt:	Immer ist es meine Schuld!
A sagt:	*Du kommst spät heute abend.*
B hört:	Warum hast du dich schon wieder verspätet?
B denkt:	Ständig werde ich überwacht.
A sagt:	*Bist du müde?*
B hört:	Du hast Falten.
B denkt:	Es war nicht nett von ihm, mir das zu sagen.
A sagt:	*Schau mal, die Frau sieht gut aus!*
B hört:	Andere sind hübscher als du.
B denkt:	Ich bin ihm nicht mehr gut genug.
A sagt:	*Bitte stell das Radio leiser, ich führe ein Ferngespräch.*
B hört:	Du stellst das Radio immer zu laut ein.
B denkt:	Sie ist sauer auf mich. Was habe ich jetzt wieder getan?
A sagt:	*Achtung, da kommt einer von rechts.*
B hört:	Paß doch auf, du Idiot.

B denkt:	Immer mischt er/sie sich ein. Ich kann doch Auto fahren!
A sagt:	*Können Sie den Brief heute noch schreiben?*
B hört:	Dies ist ein Befehl. Ich kann nichts dagegen tun.
B denkt:	Immer bin ich der Trottel. Aber dem zeig' ich's mal!

Machen Sie mit guten Freunden oder vielleicht auch nur mit sich selbst ein kleines Spiel: Versuchen Sie, den »B-hört-Gedanken« zu erfassen, solange er noch frisch in Ihrem Gedächtnis ist. Das kleine Spiel wird ein Augenöffner für Sie werden. Notieren Sie das, was Sie meinen zu hören und Ihre Interpretation. Sie werden staunen!

Manchmal sind wir zu empfindlich

Mißverständnisse entstehen oft auch in harmlosen Situationen, die wir falsch interpretieren, weil wir überempfindlich reagieren und beleidigt sind, obwohl niemand uns beleidigen wollte.

»Das Brautpaar A. hat sich nicht für das Geschenk bedankt.«

»Herr X. hat mich nicht gegrüßt. Warum ist er wütend auf mich?«

»Frau Y. hat mich nicht eingeladen. Sie will mich ärgern!«

»Z. hat mich dem Fahrrad von hinten überrascht und hat mich beinahe über den Haufen gefahren, der Frechdachs!«

Wer kennt sie nicht, diese raschen Reaktionen aus unserem Alltag? Sie entstehen aus der Angst, nicht ernst genommen zu werden. Aber es könnte doch auch sein, daß das Brautpaar A. sehr beschäftigt ist, daß Herr X. die Brille nicht aufgesetzt hatte, daß Frau Y. vergessen hat, mich einzuladen, und jetzt nicht weiß, wie sie den Fehler korrigieren soll, und daß Z., ein Kind, noch unsicher auf dem Fahrrad sitzt.

Signale erkennen

Ein weiteres Element, das Ihnen in dieser Phase der Selbsterkenntnis helfen kann, sind Signale von andern. Versetzen Sie sich in Gedanken in einen Vorfall, bei dem Sie übervorteilt oder vielleicht sogar betrogen worden sind, und stellen Sie sich die Frage, ob es irgendwelche Warnsignale gegeben hat. Wenn Sie ehrlich sind, müssen Sie diese Frage bejahen – aber Sie waren damals nicht in der Lage, sie zu erkennen. Warum nicht? Wenn Sie sie erkannt hätten, hätten sie handeln müssen, und das ist oft so unangenehm, daß es einfacher ist, die Signale zu übersehen. »Es wird schon gut herauskommen«, sagen Sie, und oft stimmt das ja auch.

> *Alle Ereignisse senden Signale voraus,*
> *aber diese sind nicht immer einfach zu lesen*
> *und oft schwer zu akzeptieren.*

Der heutigen Tageszeitung entnehme ich folgende Geschichte:

Vor etwa zwei Jahren war die 39jährige Frau Z. von ihrem Ehemann durch Messerstiche schwer verletzt worden. Nachdem sie schon früher mehrmals von ihm angegriffen worden war, fürchtete sie jetzt um ihr Leben und das ihrer zwei Kinder und machte Meldung bei der Polizei. Der Ehemann wurde verurteilt, und es wurde ihm gerichtlich untersagt, mit seiner Ehefrau und deren Kindern Kontakt aufzunehmen.

Er hielt sich daran. Eines Tages aber meldete er sich bei seiner Frau und bat um ein Gespräch. Frau Z., die als liebenswürdige Person beschrieben wird, empfand Mitleid und war sogar damit einverstanden, daß er in ihrer Wohnung übernachtete. Mitten in der Nacht nahm Herr Z. die mitgebrachte Pistole zur Hand und schoß seine Ehefrau in den Kopf mit der Absicht, sie zu töten. Anschließend verbarrikadierte er sich in seinem Auto und erschoß sich. Die Ehefrau, obwohl schwer verletzt, überlebte. Die Zeitung meldet, ihr Zustand sei stabil und sie werde ihr Augenlicht nicht verlieren. Die beiden Töchter blieben unverletzt, zumindest körperlich …

Was um alles in der Welt hat Frau Z. dazu gebracht, ihren Ehemann nach all den Mißhandlungen, die er ihr angetan hatte, in ihrer Wohnung übernachten zu lassen? Warum hat sie aus den klaren Zeichen der Vergangenheit nichts gelernt? Sie mußte ihre selektive Wahrnehmung teuer bezahlen. Ich bin überzeugt davon, daß sie aus ihrer persönlichen Konstellation heraus entweder die Signale nicht sehen durfte oder nicht ernst nahm, was letztlich auf dasselbe herauskommt. Vielleicht war ihre Angst vor dem Alleinsein so groß, daß sie lieber einen bösartigen Mann im Haus hatte als gar keinen. Vielleicht stand auf Ihrem Kick-mich-Zettel: »Wenn ich nicht lieb bin, werde ich einsam.« Ihre eigenen Reaktionen hätten ihr, wenn sie diese wahrgenommen hätte, wichtige Informationen über Ihren Verdrängungsmechanismus und ihre wahren Beweggründe geben können. Aber weil sie nicht bereit war, sich diese einzugestehen, blieben sie unentdeckt.

2. Realisieren Sie, daß es echte und falsche Freunde gibt

Sie sind ein liebenswürdiger Mensch, versuchen, Ihren Freundinnen und Bekannten gegenüber gefällig und hilfsbereit zu sein, sind für sie da, und man kann immer mit Ihnen rechnen, wenn man Hilfe braucht. »Das ist gut so, das macht mich liebenswert«, denken Sie. Zwar haben Sie manchmal das Gefühl, daß Ihre Interessen zu kurz kommen, aber das geht jeweils schnell vorbei. »Geben, das ist es, was eine gute Freundschaft ausmacht«, sagen Sie sich. Manchmal haben Sie zwar den Eindruck, daß man Ihre Güte ausnützt, aber Sie finden immer eine Entschuldigung für die anderen. Sie sagen sich, daß sie alles getan haben, was in ihrer Macht stand, oder daß sie nicht anders handeln konnten. Denn Sie sind nicht nur freundlich und hilfsbereit, Sie sind auch nachsichtig, haben Verständnis für die Probleme anderer Menschen und wollen helfen.

Liebe Leserin, lieber Leser, Sie hängen einer Illusion nach, wenn Sie erwarten, daß man Ihnen gegenüber ebenso freundlich und hilfsbereit sein wird, wie Sie es sind. Zwar wird von Ihnen gesagt, was für ein liebenswerter Mensch Sie seien – aber nur, *wenn man etwas von Ihnen will.* Gewiß wird Ihnen auch geschmeichelt – *wenn man etwas von Ihnen will,* und man wird Ihnen sagen, was für eine gute Freundin Sie sind – *wenn man etwas von Ihnen will.* Und weil Sie hilfsbereit sein *müssen,* können Sie die Realität nicht sehen.

Ich sage ausdrücklich, daß Sie hilfsbereit sein *müssen.* Dies schreibt Ihnen Ihr Kick-mich-Zettel vor, und hier beginnen die Probleme. Wenn auf Ihrem Kick-mich-Zettel steht, daß alle Menschen hilfsbereit, edel und gut sind, werden Sie Ihr ganzes Leben lang mit dieser Illusion leben. Wenn darauf steht, daß Sie zu allen Menschen immer gut sein *müssen,* wird dies Ihr Schicksal sein. Wenn auf Ihrem Kick-mich-Zettel steht, daß die Interessen andere Leute wichtiger sind als ihre eigenen, werden Sie Ihre Interessen stets zurückstellen *müssen.* Sie können das nur verändern, wenn Sie Ihren Kick-mich-Zettel verändern. Wie Sie dies tun können, wird weiter unten in diesem Kapitel behandelt. Zusätzliche Hinweise finden Sie zum Beispiel in Kapitel 2 über das Selbstvertrauen.

Aber warum können Sie die Realität nicht sehen? Vielleicht, weil Sie es nicht ertragen, allein zu sein? Weil Sie die Erfahrung gemacht haben, daß Ihr gutmütiges Wesen Ihnen »Freunde« bringt, die Sie vor der Einsamkeit bewahren? Die Folgen des Zurückstellens Ihrer Wünsche sind Ihnen doch bekannt, sie sind eine bekannte Größe und deshalb kalkulierbar. Aber vielleicht haben Sie Angst vor den Konsequenzen, wenn Sie Ihre Interessen auf eine von Ihnen als »selbstsüchtig« empfundene Weise vertreten? Könnte *dies* der Schlüssel zu Ihrem Verhalten sein?

> *Die schlimmste Armut ist Einsamkeit und*
> *das Gefühl, unbeachtet und unerwünscht zu sein.*
>
> Mutter Teresa

Wie wahr. Einsamkeit und das Gefühl, unbeachtet und unerwünscht zu sein, sind zwei der wichtigsten Gründe dafür, daß wir unermüdlich und wie unter Zwang die Beachtung und Anerkennung unserer Umgebung suchen. Dies ist vielleicht der Hauptgrund dafür, daß wir immer wieder unsere Interessen in den Hintergrund stellen.

Vielleicht finden Sie sogar heraus, daß viele Ihrer Handlungen vom Wunsch diktiert werden, zu gefallen, Anerkennung oder Liebe zu finden. Vielleicht ist dieser Wunsch so stark, daß Sie Ihre persönlichen Interessen hintanstellen. Wir alle brauchen Anerkennung und Bestätigung. Wenn aber in Ihnen dieses Bedürfnis unersättlich wird, ziehen Sie Menschen an, die es verstehen, Ihre Gefühle geschickt auszunutzen, und die Sie auf diese Weise veranlassen, Dinge zu tun, die Sie später bereuen werden. Der Wunsch nach Anerkennung und Bestätigung macht Sie abhängig von der Meinung anderer Menschen. Wir wollen immer und überall beliebt sein und ertragen es nicht, wenn über uns schlecht gesprochen wird. Aber mit dieser Erwartungshaltung können wir nie ins Gleichgewicht kommen, denn wir leben in einer Illusion, die uns immer wieder neue Schmerzen verursachen wird. Viele Menschen sind gut, aber *nicht alle* Menschen.

Die unsichtbare Mauer

Wenn Sie ununterbrochen selbstlose Liebenswürdigkeit ausstrahlen und immer nur die Wünsche anderer Menschen im Auge haben, werden Sie Ihre eigenen Interessen vernachlässigen. Und das muß aggressive Gefühle in Ihnen wecken.

Sie werden immer wieder ausgenutzt, erleiden Zurückweisungen, und Ihre Meinung wird oft nicht ernst genommen. Ist es da nicht verständlich, daß Sie wütend werden? An der Oberfläche bleiben Sie zwar nett und freundlich, und niemand, vielleicht nicht einmal Sie selbst wissen, wie es innen aussieht. Aber auch wenn Ihre Wut diffus ist – sie ist da; und wenn Sie sie nicht akzeptieren können und wenn Sie nicht lernen, mit ihr umzugehen, baut sich eine unsichtbare Mauer zwischen Ihnen und Ihren Freunden auf. Und weil Sie sich das nicht eingestehen können und die Wut ein Ventil braucht, wird sich die eigene Wut schließlich gegen Sie selbst richten. Hier nimmt das Gefühl der Ohnmacht, das Sie manchmal bedrückt, seinen Anfang.

Um die Illusion zu begraben, von der hier die Rede ist, müssen Sie sich zuerst Ihrer Wünsche bewußt werden und lernen, Ihre eigenen Interessen ohne schlechtes Gewissen ernst zu nehmen, denn

Sie sind mindestens ebenso wichtig
wie jede andere Person!

Dies ist ein gutes Mantra*, das Ihnen helfen könnte, sich mit diesem für Sie vielleicht neuen Gedanken zu befreunden. Sie würden also vor sich hersagen: »Ich bin ebenso wichtig wie

* Das Mantra ist ein Laut, ein Wort oder eine Redewendung, die man sich selbst immer und immer wieder wiederholt. Es wird oft in der Meditation verwendet, um seine Gedanken auf einen Punkt zu konzentrieren. Mantras können mithelfen, einen Gedanken zu verinnerlichen.

jeder andere Mensch; ich bin ebenso wichtig wie jede andere Person; ich bin ebenso wichtig wie ...«

Beim Schreiben dieses Buches gab ich dieses Kapitel einem Freund zu lesen, der mit dem hier behandelten Problem zu kämpfen hat. Er wies triumphierend auf das Beispiel von Mutter Teresa hin, die doch auch immer alles für andere Menschen getan und ihre Interessen total zurückgestellt habe. Das stimmt, aber es gibt einen großen Unterschied. Mutter Teresa war eine starke Persönlichkeit, die genau das tat, was für *sie* richtig war. Seit ihrem zwölften Altersjahr war ihr klar, daß sie dazu berufen war, den Armen zu helfen. Seither verfolgte sie beharrlich die Laufbahn, die für sie richtig war. Mutter Teresa hat sich nie gescheut, ihre Meinung klar und eindeutig zu sagen und ihre Interessen zu verfolgen. Gerade dies war der Schlüssel zu Ihrem Erfolg. Hätte sie das nicht getan, wäre es ihr nicht möglich gewesen, in Indien 50 Hilfswerke auf die Beine zu stellen. Wie ihre Biographie zeigt, konnte Mutter Teresa durchaus NEIN sagen.

3. Lernen Sie, nein zu sagen

Menschen, die sich ausnutzen lassen, haben eines gemeinsam: Sie können nicht nein sagen. Daß Sie dieses Buch bis hierher gelesen haben, zeigt, daß das auch für Sie ein Thema ist.

NEIN sagen zu können ist eines der wichtigsten Elemente auf Ihrem Weg zur Selbstbestimmung. Wenn Sie nicht nein sagen können, wo es immer angebracht ist, haben Sie keine Chance, Ihre Situation zu verändern.

> *Nicht nein sagen können ist eine Einladung an andre, sich auf Ihre Kosten einen Vorteil zu verschaffen.*

Vielleicht haben Sie Angst, mit Ihrem Nein jemanden zu verletzen, vielleicht sagt Ihnen Ihr Kick-mich-Zettel, daß Sie immer lieb Kind sein müssen. Und liebe Kinder sagen nie nein, sie gehorchen. Oder sie möchten aus Angst vor Vergeltung kein Nein riskieren.

Dennoch: Sie müssen unbedingt lernen, ohne schlechtes Gewissen nein zu sagen, wenn es Ihre Interessen erfordern. Manchmal sagen wir ja, weil wir die Anerkennung der anderen Person brauchen oder weil wir jemanden nicht verärgern wollen. Indem Sie nachgeben und sich anpassen, erwarten Sie, daß man Sie deswegen gern hat. Aber das ist eine Illusion – und im Grunde wissen Sie das auch.

Wer kennt sie nicht, die harmlos klingenden Sätze:

»Ich ziehe am nächsten Samstag um. Kannst du mir helfen?«

»Wir gehen dieses Jahr nach Mallorca in die Ferien. Du bist sicher damit einverstanden?«

»Sie können diesen Brief bestimmt heute noch schreiben, nicht wahr?«

Wenn es sich mit Ihren Plänen vereinbaren läßt, ist nichts dagegen einzuwenden, daß Sie beim Umziehen helfen. Aber wenn Sie Rückenprobleme haben, wenn Ihnen Mallorca im August zu heiß ist oder wenn Sie selbst andere wichtige Pläne haben, müssen Sie nein sagen, weil Ihre Interessen wichtig sind. Sie müssen sich selbst die wichtigste Person sein.

Sie freuen sich auf einen ruhigen Abend, an dem Sie ein Video anschauen wollen, das schon lange im Regal steht. Da klingelt das Telefon. Friedrich möchte mit Ihnen ins Kino gehen. Sie zögern etwas, worauf Friedrich sagt, daß er sonst allein gehen müsse und dazu habe er keine Lust. Sie verstehen das, lassen sich überreden und verzichten auf Ihren gemütlichen Abend. Sie sagen sich, daß es ja noch viele gemütliche Abende geben wird, und fühlen sich sogar wohl im Gedanken, jemandem einen Gefallen getan zu haben. Der Abend ist kein Erfolg. Wundert Sie das?

Sie haben die Interessen von Friedrich über Ihre eigenen gestellt. Zwar hätten Sie andere Möglichkeiten gehabt, aber daran haben Sie im Moment nicht gedacht. So stark war Ihr Wunsch, zu gefallen.

Werden Sie sich Ihrer Wünsche bewußt

Wenn Sie etwas ändern wollen, müssen Sie Ihre Interessen in den Vordergrund stellen und den Mut haben, das zu tun, was Sie tun wollen. Diese Haltung macht Sie frei für eine Antwort, die zu Ihnen paßt und die Ihre Interessen berücksichtigt.

Kann es sein, daß Ihr Wunsch, zu gefallen, oder Ihre Angst, jemanden zu enttäuschen, so stark ist, daß Sie automatisch ja sagen? Wenn es so ist, müssen Sie versuchen, diesen Automatismus zu durchbrechen. Wenn Sie – und sei es auch nur einen Moment lang – an sich bemerken, daß Sie eigentlich keine Lust haben, ins Kino zu gehen oder beim Umzug mitzuhelfen, haben Sie schon den ersten Schritt getan. Vielleicht ist dieses Hinterfragen Ihrer eigenen Meinung neu für sie, und Sie müssen es noch einüben; aber es ist wichtig, daß Sie es tun. Immer wenn Sie in eine solche Situation kommen und Gefahr laufen, überrumpelt zu werden, müssen Sie versuchen, sich über Ihren ehrlichen Wunsch klarzuwerden. Sofort und nicht erst hinterher.

Gewöhnen Sie sich an, nicht sofort zu antworten, und verschaffen Sie sich eine Denkpause.

Aber Sie haben bereits ja gesagt. Wenn Sie jetzt ein Gefühl der Ohnmacht empfinden, vielleicht der Enttäuschung oder Wut darüber, daß Sie »schon wieder« ausgenutzt wurden, dann ist das eine gesunde Reaktion. Suchen Sie aber keinen Sündenbock. Seien Sie nicht allzu lange verärgert, daß sich jemand auf Ihre Kosten einen weiteren Vorteil verschafft hat, sondern warten Sie ruhig auf das nächste Mal, und seien Sie dann bereit. Und das nächste Mal kommt bestimmt, denn wenn Sie allzu oft ja gesagt haben, haben Sie immer wieder Signale ausgesendet, die von den anderen als Einladung verstanden wurden, von Ihrer Liebenswürdigkeit und Gefälligkeit zu profitieren.

> *Je schwächer Sie sich gegenüber Ihrer Umwelt verhalten, desto mehr werden Sie ausgenutzt.*

Der alltägliche Egoismus

Wir leben in einer Zeit, die von Egoismus geprägt ist. Weil wir gelernt haben, Egoismus sei moralisch verwerflich, und weil wir gleichzeitig wissen, daß das Überleben ohne »gesunden Egoismus« schwierig ist, haben wir zur Ichbezogenheit ein gespaltenes Verhältnis. Wir bewundern ihn an den einen und verachten ihn an den andern. Ein Beispiel:

Der Fußballtrainer Gilbert Gress vertrat gegenüber der Schweizer Nationalliga die nicht ganz abwegige Auffassung, ein Nationaltrainer mit seinem erhöhten Berufsrisiko sollte an-

nähernd so viel Geld verdienen wie ein durchschnittlicher Kicker seiner Mannschaft. Prompt warf ihm die Boulevardzeitung »Blick« Geldgier, mangelnden Patriotismus und Arroganz vor. Gleichzeitig berichtete sie voller Bewunderung und Rührung über den Portugiesen Figo, der einen 100-Millionen-Transfer zu Real Madrid realisiert hatte.

Viele Menschen konzentrieren sich nur noch auf sich selbst und interessieren sich kaum für andere. Solche Egoisten werden ganz bewußt versuchen, Sie auszunützen. Dazu werden sie kalkulierend nett zu Ihnen sein (»Du bist ja so stark, und die Kisten sind doch kein Problem für dich ...«), Mitleid erwecken (»Ich mag aber nicht allein ins Kino gehen, bitte ...«), drohen (»Wenn du nicht ..., dann ...«) oder sonst eine manipulative Methode anwenden. Dann ist es besonders wichtig, daß Sie sich klar darüber werden, was Sie eigentlich möchten, denn die Strategien von Egoisten sind nicht immer leicht zu durchschauen. Wie gesagt, vorläufig reicht es, wenn Sie die Situation bewußt wahrnehmen. Das zwingt Sie vorerst zu ... nichts. Sie können auch durchaus ja sagen, aber jetzt ist dieses Ja Ausdruck Ihres freien Willens, ihre Motive sind klar, und Sie müssen nicht damit rechnen, von Wutgefühlen überflutet zu werden.

Was aber geschieht, wenn Sie das nicht tun? Dann bricht die Kette der Situationen, in denen Sie ausgenutzt werden, nie ab, und irgendwann werden Sie mit Recht wütend. Aber diese Wut kann sich nicht gegen die andere Person wenden, weil Sie ihr ja gefallen und sie nicht enttäuschen wollen. Die Wut verursacht in Ihnen ein Gefühl der Ohnmacht oder, wie wir früher gesehen haben, richtet sich vielleicht sogar gegen Sie selbst. Resultat? Sie schaden sich selbst, weil Sie nicht nein sagen konnten.

Nein sagen, aber wie?

Nachdem Sie sich entschieden haben, daß Sie beim Umzug nicht mitmachen werden, können Sie darüber entscheiden, wie Sie das Ihrem Gesprächspartner mitteilen wollen. Vielleicht lautet Ihre Antwort dann so: »Ich kann keine Kisten schleppen, aber ich kann dir beim Einräumen helfen.« Oder: »Mallorca sagt mir im August nicht zu. Zu heiß. Hast du einen anderen Vorschlag?« Oder Sie entscheiden sich für ein klares Nein, aus welchen Gründen auch immer.

Nein zu sagen ist vielleicht im Moment unangenehm, aber es lohnt sich, wenn Sie es auf die richtige Art tun. Anregungen zu diesem Thema finden Sie in meinem Buch »Die Mokassins des Indianers«.

Vielleicht sind Sie aus irgendwelchen Gründen im Moment nicht in der Lage, eine gute Antwort zu geben, und brauchen Zeit. Dann wählen Sie das strategische Nein, zum Beispiel so: »Nein, im Moment nicht ...« oder »Ich möchte mir das zuerst überlegen ...« oder ganz einfach: »Kann ich zurückrufen?« Versuchen Sie, Ihr Nein so flexibel zu formulieren, daß Ihnen alle Wege offenbleiben. Im oben erwähnten Buch habe ich dazu folgendes Beispiel erwähnt:

Was ein flexibles Nein ist, können Sie aus der Kinoreklame lernen. Nach den »letzten Vorstellungen« wird »prolongiert«, und dann kommen die »unwiderruflich letzten Vorstellungen«. Nachher wird »auf vielseitigen Wunsch« verlängert, und in der Folge lesen Sie: »Wegen anderer Verpflichtungen nur noch wenige Tage« und so weiter. Erst wenn es heißt: »Wird wegen großen Publikumsandrangs nochmals verlängert ...«, können Sie annehmen, daß der Film ausgereizt, der Andrang kleiner geworden ist und daß die letzten Tage des Streifens tatsächlich nahe sind.

4. Ordnen Sie Ihre Prioritäten neu

Vielleicht waren Sie früher, als Sie noch einen deutlichen Kick-mich-Zettel auf sich tragen mußten, nicht in der Lage, Ihre Prioritäten ehrlich festzulegen. Heute sieht es anders aus, denn Sie sind schon ein großes Stück auf Ihrem Weg zu einem verbesserten Selbstvertrauen gegangen. Jetzt können Sie etwas tun, wozu Sie früher nicht die Kraft hatten: sich frei für das entscheiden, was für Sie – und nur für Sie allein – wichtig ist. Jetzt können Sie nein sagen! Sie haben unendlich viele Möglichkeiten, das zu tun, aber nur Sie können entscheiden, wie Sie dies tun werden. Und das wird davon abhängen, wo Ihre Prioritäten liegen. Nehmen Sie sich Zeit, Wochen, Monate oder noch länger. Sie werden die Antwort finden, und sie wird für Sie stimmen. Je länger Sie die Kunst des Neinsagens üben, desto besser wird es Ihnen gelingen. Und je besser es Ihnen gelingt, desto weniger schroff wird Ihr Nein ausfallen. Mit der Zeit werden Sie ein Nein meistern, das nicht als Ablehnung empfunden wird.

Ganz egal, welches Ihre Prioritäten sind, eine Priorität steht über allen, und diese sollten Sie ab sofort für sich festlegen:

> *Sie müssen Ihren Wünschen,*
> *Ihren Bedürfnissen und Ihren Träumen*
> *eine sehr viel höhere Priorität einräumen als bisher.*

Ganz am Anfang dieses Buches stand folgendes:

Wird Ihre Meinung nicht ernst genommen?
Kommt es vor, daß andere Menschen Entscheidungen für Sie treffen?
Können Sie nicht NEIN sagen und werden immer wieder ausgenutzt?
Haben Sie Minderwertigkeitsgefühle?
Sagen Sie ab und zu: Das lasse ich mir nicht länger gefallen?
Haben Sie das Gefühl, in einer feindlichen Umwelt zu leben?

Wenn Sie nur einige dieser Fragen bejahen, sind Sie mit großer Wahrscheinlichkeit ein liebenswürdiger Mensch, der aus einem inneren Bedürfnis heraus zu seinen Mitmenschen nett, gefällig und hilfsbereit ist. Aber was soll daran falsch sein? Eigentlich nichts, vorausgesetzt daß Sie wirklich damit einverstanden sind. Aber vielleicht ärgern Sie sich darüber, wenn über Ihren Kopf hinweg entschieden wird, wenn andere in Ihren Schuhen stehen und wenn Ihre Meinung einfach unter den Tisch gewischt und nicht ernst genommen wird. Dann kann dieses Buch für Sie wichtig werden, denn es zeigt Ihnen den Weg, wie Sie Ihrer wahren Persönlichkeit zum Durchbruch verhelfen und selbstbewußter auftreten können.

Diese Beschreibung trifft jetzt nicht mehr auf Sie zu. Sie sind nun befreit von den vielen Nachteilen, die eine ständige Unterordnung mit sich bringt. Jetzt, wo Ihr Kick-mich-Zettel viel von seiner Macht verloren hat, können Sie daran denken, Ihren eigenen Anliegen eine höhere Priorität einzuräumen, auch wenn dies manchmal – was nicht zu verhindern ist – auf Kosten anderer gehen wird.

Bitte, verstehen Sie mich nicht falsch! Dies ist keine Ermunterung zum Größenwahn, keine Einladung, sich auf Kosten anderer stark zu machen, und keine Aufforderung zum Egoismus, im Gegenteil. Erst jetzt können Sie sich erlauben, bescheiden und vielleicht sogar demütig zu sein, wenn das Ihrer Natur entspricht, denn erst jetzt haben Sie die Freiheit der Wahl, die Sie früher nicht hatten.

5. Widerstehen Sie dem Druck

Sie haben gelernt, Ihre Reaktionen zu analysieren, und wissen jetzt, daß immer lieb zu sein nicht nur Freunde bringt. Sie haben gelernt, nein zu sagen, und haben begonnen, Ihre Prioritäten neu zu ordnen. Dieser neue Mensch, zu dessen Entdeckung Sie nun aufgebrochen sind, ist nicht mehr zu vergleichen mit dem früheren Menschen, den man leicht ausnutzen konnte. Ihr neues Ich hat eine eigene Meinung, wagt sie auszusprechen und besitzt ein weit stärkeres Selbstvertrauen als früher. Das wird von Ihren Freunden und Bekannten nicht einfach geschluckt, und Sie müssen sich auf Reaktionen gefaßt machen. Es wird Widerstände geben, man wird versuchen, Sie auf den alten und für manche viel angenehmeren Weg zurückzuführen. Dies ist eine kritische Phase, Sie müssen sehr auf der Hut sein, denn Ihre Veränderung löst starke Kräfte aus.

Es ist doch verständlich, daß es für viele Ihrer Freunde und Bekannten früher einfacher war, mit Ihnen umzugehen. Erinnern Sie sich? Sie haben immer ja gesagt, man konnte über Sie verfügen, und Sie haben alles geglaubt, was man Ihnen erzählt hat. Aber nun sind Sie kritischer geworden, können plötzlich nein sagen und wollen ernst genommen werden. Das hat Folgen.

Man wird über Sie herziehen, Ihnen vielleicht Sachen unterstellen, und es wird Menschen geben, die beleidigt sind, daß Sie jetzt nicht mehr »mitmachen«, das heißt, daß Sie sich jetzt nicht mehr ausnutzen lassen. Das hat zur Folge, daß Sie vermutlich einige Ihrer »Freunde« verlieren werden. Aber weil Sie jetzt nicht mehr von Ihrem Kick-mich-Zettel geführt werden, sondern eine selbstbewußte, kritische Persönlichkeit geworden sind, können Sie damit umgehen und sind nicht mehr darauf angewiesen, aggressiv zu reagieren. Dafür werden Sie neue Bekanntschaften machen, die Ihnen viel bedeuten können.

Die Freiheit der Wahl

Wenn Sie von Zorn erfüllt sind, wenn vor Wut Ihre Adern zu platzen drohen, wenn Sie sich eine saftige Rache ausmalen, sind Sie nicht mehr in der Lage, eine Angelegenheit sachlich zu beurteilen. Dann entgeht Ihnen, daß Sie immer – und ich meine ausnahmslos immer – mehr als eine Möglichkeit haben, zu reagieren.

Das ist Ihre Freiheit der Wahl. Theoretisch ist sie unendlich, in der Praxis ist sie es nicht. Wir Menschen haben es nicht so einfach wie die Tiere, weil unsere Entscheidungen eine moralische Grundlage haben müssen. Aber innerhalb dieser Grenzen haben wir eine viel größere Bewegungsfreiheit, als uns bewußt ist. Nur wenige Menschen nützen ihre Freiheit der Wahl aus.

Bernhard war ein erfolgreicher Geschäftsmann, dessen geschäftliche Laufbahn eine ununterbrochene Kette von Erfolgen. Er war selbständig, finanziell unabhängig und wurde geschätzt. Kurz nach seinem fünfzigsten Geburtstag nahm er mit mir Kontakt auf, um ein Problem zu besprechen. Trotz aller Erfolge war Bernhard innerlich unzufrieden und hatte den dringenden Wunsch, sein Leben zu ändern. Als er mir seinen Plan schilderte, kam ich aus dem Staunen nicht heraus. Bernhard wollte seine Laufbahn abschließen und ein Heim für Drogen- und Alkoholabhängige eröffnen und dieses selbst leiten. Nachdem wir das Für und Wider ausführlich miteinander diskutiert hatten, riet ich ihm von dieser radikalen Richtungsänderung ab. Meiner Meinung nach steckte er in einer Midlife-Krise, und ich wollte ihn davor bewahren, einen unüberlegten Schritt zu tun. Ich hatte unrecht. Bernhard realisierte sein Vorhaben, verkaufte seinen Betrieb und gründete ein Heim für ehemals süchtige Menschen, die aus der Rehabilitation entlassen waren. Er leitete dieses Heim persönlich, und der erfolgreiche Unternehmer war sich nicht zu schade, selbst Hand anzulegen, wo immer es nötig wurde.

Kürzlich besuchte ich Bernhard und war fasziniert von dem, was er aufgebaut hatte, noch mehr aber davon, wie er sich verändert hatte. Jetzt sah ich nicht mehr den erfolgreichen Geschäftsmann, sondern einen engagierten Menschen, der voll im Einklang mit sich selbst stand. Er betreibt nun drei Heime, betreut mit einigen Mitarbeitern über 50 Bewohner und hält den persönlichen Kontakt zu 120 ehemaligen Heim-

bewohnern aufrecht. Besonders beeindruckt war ich von der Tatsache, daß er nicht nur keine staatlichen Subventionen beantragt und alle Unkosten aus Spenden bezahlt, sondern daß er seine Organisation freiwillig der staatlichen Aufsicht unterstellt hatte. Bernhard hatte seine geschäftlichen Fähigkeiten und seinen hohen ethischen Standard auf den sozialen Bereich übertragen.

Ich hatte Gelegenheit, mit Bernhard ein längeres Gespräch zu führen, und durfte aus erster Hand erfahren, wie er zu seiner Entscheidung gelangt war:

»Seit meiner Jugend bin ich immer wieder mit Menschen konfrontiert worden, die ein Suchtproblem hatten. Das hatte in meiner eigenen Familie begonnen, und das Thema begleitet mich durch mein ganzes Leben, obwohl ich selbst nie abhängig war. Als meine Verlobte drogenabhängig wurde, konnte keine noch so gut gemeinte und professionelle Hilfe sie retten; ich verlor sie nach jahrelangem erbitterten Kampf. Damals hatte ich zum ersten Mal die Idee, daß ich etwas für süchtige Menschen tun müsse. Als die Idee des Verkaufs meiner Firma und mein Engagement auf diesem Gebiet immer konkretere Formen annahmen, hatte ich große Zweifel, ob dies der richtige Weg für mich sei. Der Durchbruch kam, als ich mich für ein Seminar zum Thema »Akzeptiere dich so, wie du bist« anmeldete. Hier fand ich die innere Ruhe und das Umfeld, um mit mir ins reine zu kommen. Es wurde mir bewußt,

daß dies meine eigentliche Aufgabe im Leben war, und ich folgte meiner inneren Stimme. Heute bin ich glücklich und führe ein erfülltes Leben.

Eine schwierige Entscheidung

Zu Ihrer Freiheit zu wählen gehört auch, daß Sie sich von jemandem zurückziehen und vielleicht sogar den Kontakt abbrechen können, wenn Ihre Persönlichkeit immer wieder verletzt wird. Sie werden in Situationen kommen, in denen man nicht einsehen will, daß Sie sich verändert haben und daß man Sie jetzt nicht mehr manipulieren kann. Dann können Sie der anderen Seite nochmals eine Chance geben, die neue Situation zur Kenntnis zu nehmen; aber irgendwann kommt der Zeitpunkt, wo Sie sich sagen müssen, daß man Sie nicht ernst nimmt. Dies ist ein Gedanke mit einer großen Tragweite, und es ist wichtig, daß Sie jetzt die richtige Entscheidung treffen. Zu Ihrem ehemaligen Selbst zurückgehen möchten und können Sie nicht mehr. Die Alternative, sich von diesen Menschen zurückzuziehen, kann schmerzlich sein. Ich bin der Meinung, daß Sie sich jetzt für die Fortsetzung Ihres Veränderungsprozesses entscheiden *müssen,* denn wenn Sie dies nicht tun, haben *Sie* die Folgen zu tragen.

Franz und Martha Hartmann hatben vor zwei Jahren geheiratet. Obwohl beide völlig verschiedene Persönlichkeiten waren, oder vielleicht gerade deshalb, ging die Ehe anfänglich *gut. Martha war gewohnt, den Ton anzugeben und ihren Willen durchzusetzen, und Franz, der sich in seinem Leben immer untergeordnet hatte, akzeptierte das. Aber der Konflikt war vorprogrammiert. Je dominierender Martha wurde, desto stiller und um so mehr in sich gekehrt wurde Franz. Als er von Perioden tiefer Depression heimgesucht wurde, suchte er Hilfe bei einem Psychologen, der relativ schnell die Ursache fand. Franz hatte Martha geheiratet, weil auf seinem Kick-mich-Zettel stand, daß er dominiert werden müsse – eine unglückliche Aufschrift, die überhaupt nicht zu seiner tatsächlichen Persönlichkeit paßte. Im Verlauf von vielen Sitzungen lernte Franz, seinen Kick-mich-Zettel zu neutralisieren und seine wahre Persönlichkeit zu finden.* Diese neue Persönlichkeit wäre aber nur dann mit der Persönlichkeit seiner Frau vereinbar gewesen, wenn diese bereit gewesen wäre, sich zu ändern. Das aber lehnte sie absolut ab. Martha Hartmann konnte die Veränderung nicht nachvollziehen, die in ihrem Ehemann vorging. Sie fühlte sich persönlich angegriffen und reagierte entsprechend. Die Scheidung wurde letzthin vollzogen.*

Heute ist Franz Hartmann wieder verheiratet. Er hat Karriere gemacht und lebt ein normales, glückliches Familienleben. Es ist ihm gelungen, seinen Kick-mich-Zettel zu neutralisieren, aber der Preis dafür war eine bösartige Scheidung. Mit seiner Ex-Frau hat er keinen Kontakt mehr.

* Siehe dazu auch das Beispiel von Axel Vogt auf Seite 103.

Karma

Das Thema »Freiheit der Wahl« wäre nicht vollständig behandelt, wenn ich hier nicht auf das Karma zu sprechen käme. Das Gesetz des Karmas ermöglicht uns nämlich, das Thema aus einer anderen Sicht zu betrachten. Das Wort »Karma« stammt aus dem Sanskrit, einer altindischen Sprache, und bedeutet wörtlich übersetzt: Handlung oder Tat. Die Lehre vom Karma, ein wichtiges Element des Buddhismus und des Hinduismus, basiert auf dem Glauben, daß jede Handlung Konsequenzen hat und die Art unserer Wiedergeburt bestimmt. Das Gesetz des Karmas geht davon aus, daß die Seele unsterblich ist und nur vorübergehend in unserem Körper lebt. Im Raja-Yoga (auch Karma-Yoga genannt) heißt ein wichtiger Glaubenssatz: »Ich bin eine Seele und habe einen Körper.« Stellen Sie sich das Gesetz des Karmas als eine Buchhaltung vor. Die guten Taten (solche, die anderen Menschen helfen) erhöhen die Aktiven, während die schlechten Taten (die anderen Menschen schaden) die Passivseite beeinflussen. Wer ein besseres Ergebnis will, muß entweder mehr Aktiven (gute Taten) oder weniger Passiven (schlechte Taten) auf sein Karma-Konto verbuchen. Karma ist das Ergebnis all unserer Handlungen und Unterlassungen im jetzigen und in den früheren Leben.

Karma lehrt, daß die Seele eines Neugeborenen Erfahrungen aus früheren Leben mit sich bringt und daß wir so lange mit demselben Problemkreis konfrontiert werden, bis wir ihn durch unser Handeln gelöst (erlöst) haben. Durch diese Brille betrachtet, macht es Sinn, daß wir die volle Verantwortung für unser Schicksal selbst übernehmen müssen.

6. Die Reise in unser Inneres

In den bisherigen Kapiteln dieses Buches habe ich mich ausschließlich mit Ihren Gefühlen, Ihren Wünschen, Hoffnungen und Enttäuschungen befaßt. Erinnern Sie sich an den Satz: »Sie müssen sich selbst, Ihren Wünschen, Ihren Bedürfnissen und Ihren Träumen eine sehr viel höhere Priorität geben, als dies früher der Fall war.«? Diese Konzentration auf Ihre Persönlichkeit war nötig, weil es vorerst einmal darum ging, sich selbst ernst zu nehmen. Auch in Zukunft wird es entscheidend sein, daß Sie sich wichtiger nehmen als früher. Aber es gibt noch eine andere Dimension, die für unser Wohlbefinden wichtig ist und die ich kurz anschneiden möchte: das Verhältnis zwischen Ihnen und dem Universum, Ihre spirituelle Seite.

Obwohl ein Modewort, ist Spiritualität noch immer von einem Schleier des Geheimnisvollen umgeben. Man weiß oft nicht recht, was man sich darunter vorstellen soll. Das Bild des Heiligen, der mit geschlossenen Augen und entrücktem Gesichtsausdruck unnahbar im Lotussitz sitzt, ist bestimmt falsch. Spiritualität ist auf dem Weg, eine Volksbewegung zu werden, der sich jedermann anschließen kann. Wenn Sie sich

Gedanken über Ursprung und Ziel Ihres Lebens, über die Ethik und Ihre persönliche Verantwortung machen, sind Sie bereits auf diesem Weg. Spiritualität ermöglicht Ihnen, Wichtiges von Unwichtigem zu unterscheiden und Antworten auf Fragen nach dem Sinn Ihres Lebens zu finden. Sie erlaubt Ihnen, eine Verbindung mit dem Universum, dem All, herzustellen und die Dinge so zu sehen, wie sie wirklich sind.

Es ist nicht Aufgabe dieses Buches, Sie auf Ihrem Weg in die Spiritualität zu begleiten. Dafür gibt es viel Literatur, zahlreiche Seminare und Lerngruppen. Ich habe das Thema hier angeschnitten, weil es einer der Wege ist, mit dem Sie sich von Ihrem Kick-mich-Zettel befreien können. Auch Religion kann – aber muß nicht – den Weg in die Spiritualität öffnen. Im Anhang finden Sie ein Fallbeispiel dazu.

KAPITEL 5

Hilfreiche Therapiemöglichkeiten

Es gibt heute moderne und erfolgreiche Möglichkeiten für die Bewältigung von psychischen Belastungen. Einige Methoden beschreibe ich hier. Die Liste ist nicht vollständig – sie würde ein eigenes Buch füllen – und hat nur den Zweck, Ihnen Anregungen zu geben. Suchen Sie sich diejenige Methode aus, die Ihnen am besten zusagt, die Ihrer Persönlichkeit entspricht, und nehmen Sie Kontakt mit den zuständigen Organisationen und Institutionen auf.

Die 12 Schritte

Die 12 Schritte sind das Herzstück der Anonymen Alkoholiker (AA) und wichtigster Bestandteil ihres Gedankenguts. AA ist eine Organisation, in welcher der Gemeinschaftsgedanke hohe Priorität hat. AA, heute eine weltweite Bewegung mit Millionen von Mitgliedern, wurde im Jahr 1935 gegründet. Der Psychiater C. G. Jung spielte bei der Gründung indirekt eine Rolle: Von einem Alkoholiker, den er während eines Jahres ohne Erfolg behandelt hatte, verabschiedete er sich mit der Bemerkung, daß Alkoholiker durch spirituelle Erlebnisse von ihrem Alkoholismus geheilt worden seien. In Reaktion auf diesen Hoffnungsschimmer trat der Patient der »Oxford-Gruppe« bei, einer damals in Europa bekannten evangelistischen Bewegung, die in theologisch extrem konservativer Weise versuchte, den Geist dessen, was sie für das Frühchristentum hielt, wiederherzustellen. Dort fand er tatsächlich das spirituelle Erlebnis, das ihn von seinem Zwang zum Trinken befreite. AA hat sich von der »Oxford-Gruppe« gelöst, ist heute neutral und hat keine religiöse oder politische Bindung zu irgendeiner Organisation. Es gibt inzwischen an die 30 A (Anonyme Sexaholiker, Anonyme Arbeitssüchtige, Anonyme Schuldner usw.), die alle nach demselben Prinzip funktionieren. Die Adressen Ihrer lokalen AA-Gruppe finden Sie im Telefonbuch.

Atemtechnik

Richtige Atemtechnik verbessert die Sauerstoffversorgung des Körpers. Sie geht vom Zwerchfell aus, also vom Bauchraum, im Gegensatz zur normalen, flachen Atmung, die aus der Brustregion kommt. Bewußte Atmung wird in vielen Sportarten praktiziert, zum Beispiel beim Schwimmen, Tauchen, Krafttraining und vor allem beim Kampfsport. Atemtechnik wird vor allem als Ergänzung von hier erwähnten Therapiemöglichkeiten eingesetzt, zum Beispiel beim Yoga und beim autogenen Training. Allgemeine Regel: Bei Belastung ausatmen, bei Entlastung einatmen. Niemals die Luft anhalten, niemals Pressen.

Autogenes Training / Autosuggestion

Eine andere Bezeichnung dafür ist: konzentrierte Selbstentspannung. Mit Hilfe der Autosuggestion, entwickelt vom französischen Apotheker Emile Coué, können wir unser Gehirn positiv »programmieren« – bekannt ist der Satz: »Es geht mir von Tag zu Tag besser und besser.« Autogenes Training ist eine Methode zur Entspannung; sie wurde vom Berliner Psychotherapeuten Professor I. H. Schultz um 1930 entwickelt. Das autogene Training kann einzeln oder in Gruppen ausgeübt werden. Das Verfahren bedient sich ebenfalls suggestiver Methoden und versucht, sowohl körperlich (zum Beispiel durch Muskelentspannung) als auch psychisch eine positive Veränderung der Körperfunktionen (zum Beispiel der Herzfrequenz) zu bewirken. Durch stufenweise erlernbare Konzentrationsübungen wird versucht, seelische Spannungszustände auszugleichen, Verkrampfungen zu lösen und Schmerzen zu lindern. Autogenes Training wird auch eingesetzt bei Schlaflosigkeit und anderen nervösen Störungen. Wenn Sie sich mit autogenem Training befassen möchten, empfehle ich Ihnen, zuerst einen Kurs zu belegen. Wappnen Sie sich mit Geduld. Dies ist eine Methode, die auf langfristige Ergebnisse angelegt ist.

Bachblüten

Die Bachblütentherapie wurde vom englischen Arzt und Biologen Dr. Edward Bach vor rund 60 Jahren entwickelt und basiert auf der Idee, daß allen Krankheiten seelische Konflikte zugrunde liegen. Er war der Ansicht, daß seelische Grundhaltungen wie Ängste, Zweifel, Stolz, Haß, Unentschlossenheit, mangelndes Selbstvertrauen, Resignation, Ungeduld, Auslöser für körperliche Krankheiten werden können. Die Bachblütentherapie ist eine reine Pflanzentherapie und geht davon aus, daß Blütenessenzen die seelische Gemütsverfassung des Menschen positiv beeinflussen können. Zur Gewinnung dieser Essenzen werden die Pflanzenblüten direkt am Standort in einer Schale mit Quellwasser während mehrerer Stunden dem direkten Sonnenlicht ausgesetzt, dann in Alkohol konserviert und später nach einem speziellen Schlüssel verdünnt. Die Therapie wird angewandt, um mit vorübergehend auftretenden negativen Seelenzuständen wie zum Beispiel Ungeduld, Unsicherheit besser umgehen zu können.

Sie finden den Online-Bach-blüten-Selbsttest unter http://www.pharmacie.de/onlinetests-/bachtest.shtml.

Feldenkrais-Methode

Moshe Feldenkrais, der Erfinder dieser Methode, ging davon aus, daß drei Faktoren den Menschen prägen: Vererbung, Erziehung und Selbstschulung. Der Feldenkrais-Unterricht beginnt meist mit Einzelunterricht. In den Einzelstunden führt der Lehrer am Schüler gewisse Bewegungen durch. Der Schüler liegt dabei passiv auf dem Boden. Durch die gezielt eingesetzten Bewegungen soll die Körperwahrnehmung des Schülers gesteigert werden. Gemeinsam wird nach einer Art der Bewegung gesucht, die größere Bewegungsfreiheit und mehr Wohlbefinden ermöglicht. Im darauf folgenden Gruppenunterricht bewegen sich die Schüler auf Anweisung des Lehrers. Der Feldenkrais-Unterricht kann zu einer aktiven Neugestaltung des Lebens und damit zu einer Verbesserung der Lebensqualität führen. Wenn Beschwerden gelindert oder Heilerfolge erzielt werden, wird dies von Feldenkrais-Lehrern im allgemeinen als willkommener »Nebeneffekt« betrachtet. Aber die Feldenkrais-Methode ist keine Therapie, sondern ein pädagogisches Konzept, um sich unseres Lebensmusters bewußt zu werden. Sie wird bei Kindern und Erwachsenen angewendet.

Hypnose

Hypnosetherapie ist eine durch Suggestion bewirkte Änderung des Bewußtseins, die mehr einem teilweisen Wachsein als einem Schlafzustand gleicht. Die professionelle Hypnose ist eine ernst zu nehmende Therapieform und hat nichts mit der Scharlatanerie zu tun, wie sie auf manchen Schaubühnen gezeigt wird. Sie ist eines der ältesten seelischen Heilverfahren und wird zur Bekämpfung von akutem Schmerz, zur Unterstützung therapeutischer Verfahren und als Hilfe bei der Lösung von Abhängigkeiten (Rauchen, Eßprobleme usw.) angewandt. Es ist nicht möglich, jemanden gegen seinen Willen zu hypnotisieren oder ihn zu einem Verbrechen zu bewegen, das er ohne Hypnose nicht tun würde.

Klosterleben auf Zeit

Dutzende von Klöstern in Deutschland, Österreich und in der Schweiz öffnen ihre Gemeinschaften für kurzfristige Gäste, die eine Woche oder länger in der Abgeschiedenheit eines Klosters verbringen möchten. Klosterleben auf Zeit ist eine gute Möglichkeit für religiöse Menschen, fernab von Streß und Hektik ein paar ruhige und besinnliche Tage zu verbringen, das Klosterleben aktiv mitzuerleben, ihre Gedanken zu ordnen und sich selbst zu finden. Die meisten Klostergemeinschaften bieten ihre Zellen kostenfrei oder gegen bescheidenes Entgelt an. Rechtzeitige Anmeldung ist sehr zu empfehlen. Das Internet ist ideal, um weitere Informationen zu erhalten. Mit dem Suchbegriff »Kloster auf Zeit« habe ich über 500 Hinweise erhalten.

Kreatives Schreiben

Ein Problem-Tagebuch, in das unsere Gefühle und Gedanken eingetragen werden, wird besonders Menschen eine Hilfe sein, die sich schriftlich gut ausdrücken können. Wer nicht gerne formuliert, kann ein Tonbandgerät benutzen. Ich selbst führe ein normales Tagebuch, das ich in Krisenzeiten zu einem Problem-Tagebuch umfunktioniere. Die Notwendigkeit, Gefühle schriftlich zu formulieren und die richtigen Worte zu finden, zwingt zur Disziplin und geht mit einem Prozeß des Nachdenkens einher, der hilfreich ist. Ich lerne, indem ich schreibe. Das geschriebene Wort ist für mich verbindlicher als das gesprochene. Seit ich die Möglichkeit habe, mein Tagebuch verschlüsselt im Computer aufzubewahren, wo es vor ungebetenen Augen sicher ist, fühle ich mich freier, auch meine innersten Gedanken niederzuschreiben, von denen ich nicht möchte, daß sie öffentlich werden.

Meditation

Meditation kann von an jedem Ort und zu jeder Zeit ausgeübt werden. Sie ist die am meisten Erfolg versprechende Methode, um das Selbstvertrauen zu stärken.

Es gibt kein Richtig oder Falsch. Der einzige Maßstab ist das, was für den einzelnen Menschen stimmt. Die meisten der nachstehenden Fragen lassen deshalb mehrere Antworten zu. Die Antworten, die ich gegeben habe, entsprechen meiner persönlichen Erfahrung.

Ein wichtiger Punkt bei der Meditation ist das Atmen (siehe Atemtechnik, Seite 168). Es unterteilt sich in drei Phasen: Einatmen, Anhalten, Ausatmen. Ein indischer Satz lehrt, daß wir mit dem Einatmen die universelle Energie (die Zukunft) in uns aufnehmen, diese mit dem Anhalten sammeln (die Gegenwart) und mit dem Ausatmen die verbrauchte Luft (die Vergangenheit) loslassen. Mir gefällt diese Theorie, weil sie auch davon spricht, daß wir loslassen müssen.

Meditation ist eine Konzentrationstechnik. Eine Form ist die Mantra-Meditation. Hier ist die Aufmerksamkeit auf einen Satz oder ein Meditationsobjekt gerichtet, zum Beispiel eine Kerze, einen Schatten, einen Punkt an der Wand. Immer dann, wenn der Gedanke abschweifen möchte, soll er wieder sanft zurückgeführt werden.

Eine andere Form ist die Assoziationstechnik. Dabei denkt man über ein bestimmten Gedanken, eine Person, ein Problem, ein Symbol oder eine Idee (zum Beispiel: Gott ist

Liebe) nach. Wir meditieren also über etwas Bestimmtes, vielleicht über ein Problem, das uns im Moment beschäftigt.

Die Meditation kann für Sie wichtig werden. Die häufigsten Fragen, die mir oft gestellt werden, und die Antworten dazu.

Frage: Was ist Meditation?
Antwort: Die genaue Definition lautet: kontrolliertes Denken. Meine persönliche Definition lautet: Meditation ist all dies; ein Weg zum inneren Ich, ein Gebet, die Möglichkeit, ins Gleichgewicht zu kommen, Antworten zu erhalten, Ruhe zu finden, sich auf sich selbst zu besinnen. Oder: Meditation ist ein Anti-Streß-Mittel ohne Nebenwirkungen.

Frage: Was verstehen Sie unter kontrolliertem Denken?
Antwort: Beim Meditieren versuchen wir, an nichts zu denken und dadurch offen zu werden für die »innere Sprache«. Das braucht Übung, denn unsere Gedanken schweifen gern ab. Die Technik, an nichts zu denken, kann aber relativ leicht erlernt werden. Wir können uns auf den Atem konzentrieren, Gedanken wie Wolken vorüberziehen lassen. Das An-nichts-Denken hat einen willkommenen Nebeneffekt: Es fördert die Konzentration. Sie werden schon bald feststellen, daß Sie sich besser konzentrieren können und weniger vergessen – eine Folge dieser Technik.

Frage: Gibt es Vorschriften? Eine bestimmte Körperhaltung?
Antwort: Es gibt keine Vorschriften. Wichtig ist einzig, daß Sie sich dabei wohl fühlen. Sie können stehend, sitzend, liegend, kniend oder im Schneidersitz meditieren, ganz so, wie es Ihnen entspricht.

Frage: Welche Arten von Meditation gibt es?
Antwort: Es gibt zwei grundsätzliche Arten von Meditation:
- *die stille Meditation,* die keine konkreten Antworten sucht, sondern nur da ist, und
- *die zielgerichtete Meditation* über ein Thema, das Sie im Moment beschäftigt.

Frage: Können Sie das besser verständlich machen?
Antwort: Die stille Meditation ist weit verbreitet. Hier geht es darum, in uns hineinzuhören, auf die innere Stimme zu hören. Die zielgerichtete Meditation versucht, Antworten zu einem bestimmten Thema zu finden. Die Technik ist dieselbe, nur konzentrieren wir uns jetzt auf ein Thema. Es ist von Vorteil, wenn wir versuchen, das Thema in einem einzigen Satz zusammenzufassen (ein Mantra) und ihn am Anfang der Meditation einige Male still zu wiederholen.

Frage: Wie lange soll meditiert werden?
Antwort: Das spielt keine Rolle. Wichtig ist nur, daß es täglich geschieht. Ob Sie zwei Minuten oder zwei Stunden meditieren, ist allein Ihre Entscheidung. Wenn Sie erst einmal

auf den Geschmack gekommen sind, werden Sie sich darauf freuen, 15 bis 30 Minuten pro Tag zu meditieren.

Frage: Was bringt mir das Meditieren?
Antwort: Sehr viel. Sie werden gelassener, reagieren überlegter, können loslassen, sehen Ihre Probleme aus einem anderen Blickwinkel, ruhen in sich selbst und erhalten dadurch mehr Selbstvertrauen. Und es wird Ihnen leichter fallen, Ihr Gleichgewicht zu finden.

Ich würde mich freuen, wenn Sie Lust bekämen, die Meditation auszuprobieren.

Musiktherapie

Musiktherapie als Form der Psychotherapie ist eine Behandlung von Kindern und Erwachsenen unter gezielter Anwendung des Mediums Musik. Sie ist meist eingebunden in andere Therapieformen und kann eine wertvolle Ergänzung sein, weil sie eine unaggressive Möglichkeit bietet, Unausgesprochenes durch Stimme, Klang und Rhythmus zu erleben. Die Musikpsychotherapie hat gegenüber anderen Formen der Psychotherapie den Vorteil, ohne die Verwendung der Sprache zu arbeiten, und eignet sich deshalb auch für Menschen, denen der Zugang zum emotionalen Erleben über die Sprache oft nicht möglich ist. Musiktherapie findet in Form von Gruppen- und Einzeltherapien statt und ist auch für Kinder geeignet.

Psychoanalyse

Sigmund Freud war der Schöpfer der Psychoanalyse. Die Therapie eines Erwachsenen ist ein langer Prozeß, der Jahre dauern kann. Sie ist deshalb vor allem bei schweren Neurosen sinnvoll und deckt unbewußte Konflikte auf, die uns sonst kaum zugänglich sind, und die dadurch Fehlentwicklungen korrigieren kann. Die Methode hat wichtige Begriffe hervorgebracht, die heute in die Alltagssprache eingegangen sind, zum Beispiel die »Verdrängung« (wenn Konflikte ins Unbewußte abgeschoben und vergessen werden), die »Fehlleistung« (eine unbewußte Handlung: Gegenstände verlegen, Namen falsch schreiben oder vergessen usw.). Die Psychoanalyse arbeitet intensiv mit Träumen und vor allem mit der freien Assoziation und versucht dadurch, unbewußt bestehende Konflikte ins Bewußtsein zu heben und sie so zu verarbeiten.

Die Methode geht von einigen Grundbegriffen aus, die interessant sind, weil sie eng mit dem Thema dieses Buches zusammenhängen. Freud meinte:

1. Psychische Fehlentwicklungen entstehen nicht zufällig, sondern sind immer durch die Lebensgeschichte bedingt.

2. Negative Erlebnisse werden verdrängt. Durch diesen Verdrängungsmechanismus wird unser Verhalten (unsere Motivation) unbewußt geleitet und ist nicht mehr bewußt steuerbar.

3. Die Handlungen des Menschen werden durch zwei Triebe bestimmt: den Sexualtrieb (Lebenstrieb) und den Zerstörungstrieb (Todestrieb).

Die Frage, ob es überhaupt einen Todestrieb gibt, ist allerdings in der psychoanalytischen Diskussion bis heute umstritten. Carl Gustav Jung, Alfred Adler und später auch Erich Fromm entwickelten aus Freuds Anschauungen je ihre eigenen Theorien.

Für uns ist auch die Theorie von Adler von Interesse. Er war der Meinung, daß Menschen vor allem Anerkennung suchen. Wenn wir diese nicht erhalten, weil sie in ihrer Jugend immer wieder entmutigt, geringgeschätzt und eingeschüchtert wurden, kann es zu Minderwertigkeitsgefühlen kommen, die ausgeglichen werden müssen.

Psychotherapie

Es gibt viele Untergruppen, und deshalb ist dieser Begriff schwierig zu definieren. Wie schwierig, zeigt die Definition der Deutschen Gesellschaft für Psychiatrie, Psychotherapie und Nervenheilkunde (DGPPN)*, die ich hier zu Ihrer Erheiterung zitiere:

Die Psychiatrie und Psychotherapie umfaßt Wissen, Erfahrungen und Befähigungen zur Erkennung, nichtoperativen Behandlung, Prävention und Rehabilitation hirnorganischer, endogener, persönlichkeitsbedingter, neurotischer und situativ-reaktiver psychischer Krankheiten oder Störungen einschließlich ihrer sozialen Anteile und psychosomatischen Bezüge unter Anwendung somato-, sozio- und psychotherapeutischer Verfahren.

Einfacher gesagt: Die Psychotherapie ist eine Behandlungsmethode, die im Gespräch zwischen dem Therapeuten und dem Patienten Hilfe bei psychischen Problemen anbietet. Sie geht weniger in die Tiefe als die Psychoanalyse und ist vor allem bei der Behandlung psychischer Störungen, zum Beispiel Prüfungsangst, zu empfehlen. Das Angebot an ausgebildeten Psychotherapeuten ist groß. Adressen erhalten Sie von Ihrem Arzt oder bei einem Psychologischen Universitätsinstitut. Ich empfehle Ihnen, ein Erstgespräch zu vereinbaren, um Fragen nach psychotherapeutischer Qualifikation und der angewandten Methode zu klären.

* Aus ihrer Website, Juni 2000.

Reiki

Reiki ist eine alte Heilmethode, die vor über 2000 Jahren in den alten Sanskrit-Sutras erwähnt wurde und vor einigen Jahren von Dr. Mikao Usui, einem christlichen Mönch aus Japan, wiederentdeckt wurde. Es soll das Gleichgewicht zwischen Körper, Geist und Seele herstellen. Aber zuerst eine Warnung: Reiki ersetzt keinen Arzt. Es kann eine ärztliche Therapie höchstens ergänzen. Reiki ist eine natürliche Methode, welche hilft, die Selbstheilungskräfte des Körpers durch die universelle Energie zu aktivieren. Nach der Reiki-Theorie ist das Universum von einer unerschöpflichen, endlosen Energie angefüllt, die der Reiki-Gebende einsetzt. Alle Menschen sind mit dieser universellen Lebensenergie geboren, sagt Reiki, aber im Laufe der Zeit werde dieser Kanal zum Selbstschutz immer weiter geschlossen. In manchen Fällen haben Reiki-Behandlungen zu Spontanheilungen geführt. Wie Reiki wirkt, kann nicht genau beschreiben werden, da die Wirkung zwar nachgewiesen werden kann, nicht jedoch die Wirkungsweise. Heilung im schulmedizinischen Sinne erfolgt bei Reiki nicht. Die erwähnte universelle Energie regt den Körper zur Selbstheilung an, indem sie Körper, Geist und Seele harmonisiert. Es findet also eine ganzheitliche Heilung statt, während die Schulmedizin sich vor allem auf den Körper und das Krankheitsbild beschränkt.

Wenn Sie Reiki ausprobieren wollen, finden Sie im Telefonbuch entsprechende Adressen. Ich empfehle Ihnen, zu einem Reiki-Master zu gehen, der diesen Titel erst nach einer langen Ausbildung erhält.

Tiere als Therapie

Heute ist wissenschaftlich erwiesen, daß Tiere bei kranken, einsamen oder depressiven Menschen eine therapeutische Wirkung haben können. Hunde, Katzen, Pferde und andere Tierarten eignen sich hervorragend als Co-Therapeuten. Es gibt in vielen Ländern Organisationen, die sich mit diesem Thema befassen und Klinik- und Hausbesuche durchführen.

Transzendentale Meditation (TM)

TM ist eine leicht erlernbare geistige Entspannungstechnik. Sie wird meist sitzend und mit geschlossenen Augen ausgeübt, allein oder gemeinsam mit andern Meditierenden. Wenn immer möglich, sollte man täglich 10 bis 20 Minuten meditieren. Die TM-Methode ist wertneutral und unabhängig von Religion, Glauben oder politischer Weltanschauung. Bei regelmäßiger Übung können mit TM eine tiefe Entspannung, größere Belastbarkeit gegen Streß und mehr Kreativität erzielt werden.

Traumanalyse

Träume zu analysieren ist eine faszinierende Möglichkeit, mehr über sich selbst zu erfahren. Sie stellen Signale aus unserer Gefühlswelt dar und übermitteln Nacht für Nacht Botschaften aus der Tiefe des Unbewußten. Ihre Aufgabe ist es, auf das psychische Gleichgewicht einzuwirken und es zu korrigieren. Im Traum spricht der innere Mensch zum äußeren Menschen und gibt Signale. Diese Signale erscheinen oft als Symbole, die mit einiger Erfahrung zu entschlüsseln sind. Das Traummaterial basiert in den meisten Fällen auf Ereignissen, die Stunden oder höchstens Tage vor dem Traum stattgefunden haben. Der Traum will helfen, die Probleme des Träumers zu verarbeiten und ihm dadurch einen ruhigen Schlaf zu ermöglichen.

Es gibt in der Traumdeutung mehrere Richtungen. Die Traumanalyse nach Freud setzt andere Schwerpunkte als diejenige von Jung, um nur zwei Beispiele zu nennen. Ich will mich nicht auf eine Richtung festlegen und möchte Sie statt dessen mit einigen Grundsätzen bekannt machen, die für jede Art von Traumdeutung Gültigkeit haben.

Nur Sie können Ihre Träume deuten, niemand anders

Traumdeutung ist eine subtile und vor allem sehr persönliche Angelegenheit. Psychologisch geschulte Menschen können

Ihnen helfen, den Träumen auf die Spur zu kommen, aber nur Sie kennen deren eigentliche Bedeutung. Wenn wir beide von einem Tiger träumen, kann dies für Sie eine völlig andere Bedeutung haben als für mich. Es gibt auf dem Markt viele Enzyklopädien und Traumdeutungsbücher, die Deutungen zu einem Wort auflisten. Ich empfehle Ihnen, diese gar nicht erst anzuschauen, weil sie auf eine falsche Spur führen. Bücher über die Technik der Traumdeutung hingegen können sehr wertvoll sein.

Regen Sie Ihr Gedächtnis dazu an, sich an Ihre Träume zu erinnern

Dazu gibt es kleine, aber wirkungsvolle Tricks, wie zum Beispiel vor dem Einschlafen in irgendeiner Form ans Träumen zu denken, vielleicht ein Buch über dieses Thema zu lesen oder sich gedanklich aufs Träumen einzustimmen. Vor allem sollten Sie Papier und Bleistift auf den Nachttisch legen, damit Sie bereit sind, Ihren Traum aufzuschreiben. Oder legen Sie ein sprachgesteuertes Tonband neben Ihr Bett, damit Sie nur noch sprechen müssen. Träume sind leichtfüßig und laufen schnell weg. Geben Sie sich nicht der Illusion hin, daß Sie sich nach dem Aufwachen noch an Ihren Traum erinnern.

Führen Sie ein Traumtagebuch

Schreiben Sie Ihren Traum detailliert nieder. Wichtig sind nicht nur die Tatsachen, sondern die Empfindungen und Gefühle, die Sie hatten. Wie hat der Traum auf Sie gewirkt? Hat er Ihnen ein gutes Gefühl gegeben? Oder hat er Sie geängstigt? Auch wenn Sie Ihre Träume jetzt nicht interpretieren wollen, hat ein Traumtagebuch Vorteile. Vielleicht sind Sie später froh darüber, die Stimme Ihres Unbewußten zu vernehmen. Wenn Sie künstlerisch begabt sind, können Sie versuchen, den Traum zu zeichnen oder zu malen.

Assoziationen zum Traum

Im nächsten Schritt suchen Sie Assoziationen zum Trauminhalt. Was fällt Ihnen zum Traum ein? Was glauben Sie, will er Ihnen sagen? Sehen Sie einen Zusammenhang mit einem Erlebnis, das Sie einen oder zwei Tage vorher hatten? Wie würden Sie diesen Traum interpretieren, wenn nicht Sie, sondern ein Freund ihn geträumt hätte? Versuchen Sie, den Trauminhalt auf einen einzigen Satz zu reduzieren. Manchmal gelangen Sie dadurch zu einer wichtigen Kernaussage. Wenn Sie den Traum entschlüsselt haben, nehmen Sie seine Botschaft an und lassen Sie zu, daß Ihnen dadurch eine kleine Lektion erteilt wird. Sie ist zu Ihrem Vorteil.

Lassen Sie sich von Ihren Träumen nicht ängstigen

Träume geben Signale, keine Vorhersagen. Wenn Sie träumen, daß ein Bekannter stirbt, bedeutet dies nicht, daß er wirklich sterben wird. Dieser Traum könnte zum Beispiel aussagen, daß eine Situation, die Sie mit dieser Person assoziieren, aus Ihrem Leben verschwinden wird (oder verschwinden sollte).

Seien Sie ehrlich zu sich. Die Gefahr, daß eine ausgeglichene Person ihr Gleichgewicht durch die Interpretation ihrer Träume verliert, ist gering. Dies um so weniger, als die meisten Figuren, die in Ihren Träumen vorkommen, auch Sie selbst darstellen, sozusagen in Verkleidung. Der Bösewicht in Ihrem Traum kann Ihnen keine Angst machen, denn er stellt auch einen Teil Ihrer selbst dar, genauso wie der Engel oder die gute Fee.

Ist es für einen Laien möglich, die eigenen Träume zu analysieren? Ja und nein. Die meisten Träume haben ein relativ einfaches Drehbuch. Mit Ihrem Traumtagebuch und mit zunehmender Erfahrung werden Sie Ihre Träume bald selbst interpretieren können. Wenn Sie oft komplexe Träume haben, besonders auch solche, die Ihnen angst machen, empfehle ich Ihnen, eine Zweitmeinung von einem erfahrenen Psychologen einzuholen. Die Meditation ist eine weitere gute Möglichkeit, um hinter die Bedeutung der Träume zu kommen.

Sich wiederholende Träume

Es kann sein, daß sich Ihr Traum wiederholt. Es muß nicht genau derselbe Traum sci, aber dasselbe Motiv. Wenn Sie zum Beispiel verfolgt werden, ist dies das Thema des Traums, und es ist unwesentlich, ob Sie einmal zu Fuß, ein anderes Mal mit dem Fahrrad oder mit dem Auto verfolgt werden. Sich wiederholende Träume bedeuten nichts anderes, als daß ein Problem noch nicht gelöst ist.

Yoga

Yoga ist ein im Buddhismus seit Jahrtausenden praktiziertes Verfahren der Körperbeherrschung auf der Grundlage von Atmungs-, Konzentrations- und Entspannungsübungen. Yoga ist wertneutral und unabhängig von Religion oder Weltanschauung. Es hat Eingang in die westliche Kultur gefunden und wird zunehmend beliebter. Es wirkt eher auf der Gefühlsebene und ist eine gute Ergänzung zu der in unserer Kultur vorherrschenden Rationalität. Im Unterschied zur westlichen Gymnastik erlaubt Yoga keine isolierte, mechanische Ausführung der Übungen, sondern schreibt einen konzentrierten Bewegungsablauf vor, dem der Körper folgen muß. Yoga kann zum körperlichen und psychischen Gleichgewicht verhelfen und verspricht, einen Einblick in den Zusammenhang zwischen uns und dem Universum zu vermitteln. Die meisten Menschen betreiben Yoga, weil sie sich davon Entspannung, Streßbewältigung, Gesundheit und ein allgemein verbessertes Lebensgefühl versprechen. Das kann Yoga leisten, aber es ist sehr viel mehr. Regelmäßig ausgeübt, kann es zu einer neuen Lebensform führen.

Die vielen Yoga-Schulen haben eines gemeinsam: Sie wollen den Menschen besser machen und erwarten, daß diese die zusätzliche Energie und Belastbarkeit, die ihnen Yoga vermittelt, nutzbringend einsetzen und daß sie ihre Kraft und Fähigkeiten nicht nur für sich selbst, sondern zum Wohl der Allgemeinheit anwenden. Yoga hilft nicht nur bei der Bewältigung Ihres Schicksals und Ihrer täglichen Probleme, es lehrt auch selbstloses Handeln im Dienst des Mitmenschen und der Allgemeinheit, ohne eine Gegenleistung zu erwarten. In der Kultur des Yoga werden Schicksale als Chance, zu lernen und zu wachsen, angesehen. In diesem Sinn steht es im völligen Einklang mit der Theorie dieses Buches. Yogaschulen gibt es in jeder größeren Stadt. Adressen finden Sie im Telefonbuch.

KAPITEL 6

Fallbeispiele

Hier beschreibe ich drei Beispiele von Menschen, die es geschafft haben, sich von den negativen Erfahrungen ihrer Jugendzeit zu lösen und die Kraft ihres »Kick-mich-Zettels« abzubauen. Mit Ausnahme von Angela Jackson, die mich ausdrücklich ermächtigt hat, ihren vollen Namen zu nennen, habe ich die Geschichten, wie fast alle Namen im Buch, so verändert, daß die Hauptpersonen nicht zu erkennen sind.

Wie das 12-Schritte-Programm Angela Jackson half, ihren »Kick-mich-Zettel« zu neutralisieren

Während ihrer schweren Jugend wurde Angela Jackson so stark unterdrückt, daß sie sich nicht gegen die dauernden Zurücksetzungen und Ausnützungen durch ihre Erzieher wehren konnte. Sie wurde alkohol- und drogenabhängig. Dank dem 12-Schritte-Programm der Anonymen Alkoholiker fand sie ihre wahre Individualität wieder.

Heute ist sie eine erfolgreiche Autorin und gibt ihre Erfahrungen in Seminaren und in ihren Büchern weiter. Diese

Geschichte beschreibt ihren Lebenslauf und den Heilungsprozeß.

Ich lernte Angela Jackson an einem Vortragsabend kennen, an dem sie über das Thema »Selbstvertrauen« sprach. Sie ist eine faszinierende, attraktive Dame mit jener Art von Ausstrahlung, die einen Raum ausfüllt, wenn sie ihn betritt. Wir waren uns sympathisch, saßen nach dem Vortrag noch etwas zusammen und diskutierten weiter und trafen uns später immer wieder. Langsam kam ich ihrer wahren Persönlichkeit näher, denn sie sprach mit frappierender Offenheit, ohne jede Scheu über ihre Kindheit, ihren Alkoholismus und über ihre mißglückten Beziehungen. Ich war zu jener Zeit damit beschäftigt, dieses Buch zu schreiben, und stellte ihr die Frage, wie sie es geschafft habe, trotz ihrer belasteten Vergangenheit so ausgesprochen positiv und ausgeglichen zu werden.

In ihrer offenen Art bot sie mir an, mir ihre Lebensgeschichte zu erzählen, und meinte, daß ihre Geschichte vielleicht einem anderen Menschen helfen könne, der sich in einer ähnlichen Situation befinde. Hier ist die Geschichte von Angela Jackson, mit ihren eigenen Worten erzählt:

Ich war ein hübsches, blondhaariges Mädchen, das seinen Vater anbetete und mit seiner Mutter ständig im Streit lag. Die Kriegsjahre, in die ich geboren wurde, waren eine schwierige Zeit, und ich mußte oft hungrig ins Bett. Ich erinnere mich an ein frühes Erlebnis – ich war damals etwa vier Jahre alt –, als meine Mutter meinen Mund mit Seifenwasser auswusch, weil ich eine Bemerkung gemacht hatte, die sie ärgerte. Sie stellte mich dann für eine Stunde in die »Schandecke«, damit ich lernen sollte, mich zu benehmen. Statt dessen malte ich Bilder an die Wand und wurde wieder bestraft. Diesem Ereignis folgten viele ähnliche, an die ich mich aber nur ungern erinnere. Was mich vor allem wütend machte, war, daß ich immer wieder ausgenutzt wurde und nichts dagegen tun konnte. Die Erinnerung an die vielen Erlebnisse dieser Art schmerzt immer noch, aber ich will sie nicht verdrängen. Sie sind ein Teil von mir.

Nachdem meine Eltern geschieden waren – ich war damals sechs Jahre alt –, wurde ich in Erziehungsheime gesteckt. In allen herrschte die Gewalt. Ich mußte die niedrigsten Arbeiten verrichten, wurde andauernd ausgenutzt und konnte mich nicht wehren. Wenn ich aufbegehrte, wurde ich bestraft, vom Essensentzug bis zum Aufenthalt in der gefürchteten »Einzelzelle«. Als ich neun Jahre alt war, mißbrauchte mich der Heimleiter sexuell. Immer am Mittwoch abend, wenn seine Frau zum Bingo ging, kam er in mein Zimmer und zwang mich, ihn zu befriedigen. Er sagte mir, daß mein Kopf abgeschnitten würde, wenn ich zu irgend jemanden darüber sprechen würde. Ich haßte und fürchtete ihn, und es verging ein Jahr, bevor ich einer Freundin in der Schule davon erzählen konnte. Sie erzählte es ihrer Mutter, welche den Behörden Meldung machte. Der Heimleiter aber stritt alles ab. Niemand glaubte mir. Man warf mir vor, daß ich die ganze Sache nur erfunden habe, und ich mußte mich entschuldigen – eine meiner größten Erniedrigungen.

Kurz danach wurde ich zu meinem Vater geschickt, der wieder geheiratet hatte und den ich immer noch verehrte. Aber er war inzwischen Alkoholiker geworden, geriet meist völlig außer Kontrolle und wurde bösartig. So verlor ich auch noch den Respekt für die letzte Person, an die ich geglaubt hatte. Eines Tages verschwand er, nachdem er insgeheim mein Fahrrad verpfändet hatte; und ich sah ihn nie wieder.

Ich wurde von Heim zu Heim weitergereicht, riß aus, wurde wieder aufgegriffen. Und ich wurde immer wütender. Auf die Gesellschaft, die Autoritäten, auf meine Mutter, auf Männer, auf alle und alles. Als ich 13 war, entdeckte ich den Alkohol und trat damit in die Fußstapfen meiner Eltern. Ich erinnere mich noch gut an den ersten Schluck Whisky und an das Gefühl von Freiheit, das ich nachher empfand. Ich glaube, daß mein Alkoholismus mit diesem ersten Schluck angefangen hat. Als sich die Gespenster in der Nacht trotz des Trinkens nicht mehr verscheuchen ließen, griff ich zu Pillen.

Mit 20 heiratete ich einen jungen Mann, den ich in einer Bar kennengelernt hatte und der von mir verlangte, daß ich mich völlig unterordne. Wir tranken viel, stritten uns, schlossen wieder Frieden, stritten weiter, und unsere Kämpfe wurden immer heftiger. Zuerst war ich das Opfer, aber eines Tages, als er mich wieder schlagen wollte, ergriff ich ein Messer. Plötzlich entdeckte ich Angst in seinen Augen. Dieser kleine Triumph gab mir Macht, die ich rücksichtslos ausnutzte. Jetzt war ich es, die quälte, und ich hatte jemanden gefunden, an dem ich meine ganze Wut über die Verletzungen auslassen konnte, die mir beigebracht worden waren. Aber er blieb mir nichts schuldig, und unser Ton wurde immer aggressiver. Wir blieben elf Jahre zusammen, vereint in einer unheiligen Beziehung des gegenseitigen Zorns.

Hier verstummte Frau Jackson, und es war ihr anzusehen, daß sie die Qualen jener Zeit erneut durchlebte, wie wohl unzählige Male zuvor. Ich war aufgewühlt und konnte nichts sagen, keinen Trost anbieten. Wir beide saßen nur da, jeder mit seinen eigenen Gedanken beschäftigt, bis sie fortfuhr:

Die Jahre vergingen. Jetzt waren es meine drei Kinder, die meinen Zorn zu spüren bekamen. Tagsüber arbeitete ich, und nachts ertränkte ich meine Wut in Alkohol. Ich war unendlich unglücklich, sah keine Hoffnung mehr für mich und überlegte mir, auf welche Art ich am einfachsten Selbstmord begehen könne. Ich hätte mir das Leben genommen, wenn nicht etwas geschehen wäre, das mich zur Besinnung brachte.

Es war ein gewöhnlicher Abend, als ich die Kellertreppe mit einer Flasche Wein hinaufstieg, die mir helfen sollte, die trüben Gedanken zu verscheuchen. Da sah ich, wie mich meine 13jährige Tochter mit angewidertem Gesichtsausdruck und totaler Ablehnung anstarrte. Ich kannte diesen Blick. Es war derselbe, mit dem ich meine Mutter angesehen hatte. In jenem Moment sah ich mich zum ersten Mal, wenn auch nur für den Bruchteil einer Sekunde, wie ich wirklich war. Ich war schockiert und realisierte, daß ich dringend Hilfe brauchte. Ich glaubte nicht an Gott und kannte meine Religion nur vom Hörensagen, aber trotzdem ging ich zu einem Pastor und bat ihn, mir zu helfen. Durch ihn fand ich das 12-Schritte-Programm der Anonymen Alkoholiker.

Ich war 39 Jahre alt und wollte sterben. Statt dessen begann ich zu leben. Meine Selbsthilfegruppe wurde zu meiner Familie. Hier konnte ich zum ersten Mal in meinem Leben über alles sprechen, über meinen Atheismus, mein Mißtrauen gegenüber den Menschen, meine Frustrationen, meinen Schmerz. Ich mußte niemandem gefallen und konnte einfach mich selbst sein. Niemand unterbrach mich. Zum ersten Mal in meinem Leben war ich akzeptiert und wurde respektiert. Ich konnte weinen, und langsam löste sich die innere Einsamkeit und machte Gefühlen Platz, die ich bisher immer unterdrückt hatte. Hoffnung begann aufzukeimen. Ich änderte mein Verhalten, suchte und fand ein neues Verhältnis zu meinen Kindern, aber das Schwierigste stand mir noch bevor.

Der springende Punkt war, daß ich meine Probleme verdrängte, ja verleugnete und anderen Leuten die Schuld zuschob. Ich mußte lernen, mir einzugestehen, daß ich eine Alkoholikerin war – auch wenn ich jetzt nicht mehr trank –, daß ich die Verantwortung für meine Handlungen übernehmen mußte und daß ich niemandem die Schuld geben konnte. Langsam konnte ich mir eingestehen, daß ich mich seit den Erfahrungen in meiner frühesten Jugend in die Rolle des Op-

fers manövriert hatte. Diese Opferrolle erlaubte mir, anderen Leuten die Schuld zuzuweisen. Und für mich als Opfer war es normal, daß ich anderen Leuten erlaubte, mich immer wieder auszunutzen. Aber das wurde jetzt seltener, denn langsam lernte ich, die Verantwortung zu übernehmen. Für mich selbst und für mein Leben.

Ich las jedes Buch zu diesem Thema, das ich in die Finger bekam, besuchte Seminare und Workshops, nahm regelmäßig an den Treffen meiner Selbsthilfegruppe teil und arbeitete an den 12 Schritten. Vor Jahren schon hatte ich aufgehört zu trinken. Jetzt gab ich auch das Rauchen auf und begann meinen Körper zu trainieren. Und ich erlaubte mir, Gefühle zu haben und sie zu zeigen. Mein Verhältnis zu den Kindern war gut geworden und beruhte nun auf gegenseitigem Vertrauen – eine neue Erfahrung für uns alle.

Meine Hartnäckigkeit hat sich gelohnt. Jetzt empfinde ich einen inneren Frieden, von dem ich vorher nur in Büchern gelesen hatte. Heute lasse ich mich nicht mehr ausnutzen, und die Opferrolle sagt mir nicht mehr zu. An meinem 42. Geburtstag war ich zum ersten Mal glücklich. Der Himmel hatte sich geöffnet. Welch ein Geschenk!

Anmerkung des Verlags:

Im Frühherbst 2001 erscheint von Angela Jackson im Oesch Verlag ihr Buch: *Jetzt habe ich genug.*

Wie die Psychoanalyse Axel Vogt half, seinen »Kick-mich-Zettel« zu neutralisieren

Die Jugendzeit von Axel Vogt war sehr belastet. Er hoffte, die Liebe seiner Eltern zu erhalten, wenn er sich unterordnete. Gehorchen wurde zu seiner zweiten Natur, was zur Folge hatte, daß er immer wieder ausgenutzt wurde und nichts dagegen tun konnte. Das änderte sich auch dann nicht, als er von daheim fortging. Um von seinem Trauma wegzukommen, durchlief Axel als junger Erwachsener eine intensive, mehrjährige Psychoanalyse. Die folgende Geschichte beschreibt seinen Lebenslauf und seine Erfahrungen in der psychologischen Therapie. Heute ist Axel Vogt ein erfolgreicher Geschäftsmann und glücklicher Familienvater.

Den Beginn seiner Lebensgeschichte habe ich auf Seite 103f. bereits erzählt. Und so geht die Geschichte weiter: Der junge Mann wurde bei einem Ladendiebstahl erwischt, was sich im nachhinein als Glücksfall erwies. Obwohl bereits die Polizei benachrichtigt war, verzichtete der Filialleiter auf eine Anzeige, nahm sich Axel persönlich vor und sprach ihm ins Gewissen. Etwas an dem Jungen muß ihn angesprochen haben, denn er interessierte sich für seinen Werdegang und stellte Parallelen zu seinem eigenen Schicksal fest. Er empfahl ihm, sich in eine psychologischer Behandlung zu begeben. Dieser Rat sollte sich als segensreich erweisen, doch das lasse ich Axel selbst erzählen:

Ich fragte meinen Hausarzt um Rat, der diese Idee sehr unterstützte und mir empfahl, eine Psychoanalyse in Angriff zu nehmen. Er gab mir einige Adressen, und nach einer Gesprächsrunde entschied ich mich für Dr. Köhler, einen erfahrenen, schon etwas älteren Analytiker, zu dem ich sofort Vertrauen gefaßt hatte. Er erklärte mir, daß er eine klassische Analyse nach Sigmund Freud durchführe, bei der ich auf einer Couch liegen würde, während er, für mich nicht sichtbar, hinter mir sitzen würde. Die Behandlung, so sagte er, beruhe auf freien Assoziationen meiner Gedanken. Ich müsse alles, was mir in den Sinn komme, spontan und ohne es zu kontrollieren, aussprechen. Auf diese Weise würde ich die negativen Erfahrungen meiner früheren Jahre nochmals durchleben und damit auch verarbeiten können.

Anfangs war es eine neue Erfahrung, einen Zuhörer zu haben, der mich nie kritisierte. Aber je länger die Analyse ihren Fortgang nahm, desto mehr entwickelte sie sich zu einem schwierigen und zeitweise schmerzhaften Prozeß, der sich über lange Zeit erstreckte. Ich sprach über alles, was mir durch den Kopf ging, erhielt von Dr. Köhler aber nur selten eine Antwort. Er saß während der Stunde meist schweigsam hinter mir und griff nur ein, um mir einen Zusammenhang zu erklären oder mich auf eine besondere Situation aufmerksam zu machen. In der geschützten Umgebung der Analyse durchlebte ich nochmals alle Verletzungen meiner Kindheit, die schreckliche Zeit im Erziehungsheim und wurde mir der Narben bewußt, die jene Zeit in mir geschlagen hatte. Ich entlud den unbändigen Zorn und die angesammelte Wut auf den Analytiker, – Projektion genannt –, der natürlich darauf vorbereitet war.

Ganz langsam, unmerklich zuerst, änderte sich meine Einstellung. Ich beurteilte meine Zukunft nicht mehr als hoffnungslos und begann, zuerst nur zögerlich, die Verantwortung für mich zu übernehmen. Ich wurde etwas selbstbewußter und lernte, nein zu sagen, ohne Strafe zu erwarten. Aber es war ein langsamer Prozeß mit vielen Rückschlägen. Dreimal in der Woche und das während dreier Jahre – das ist eine lange Zeit. Sie war voll von Protesten, Widerständen, Anschuldigungen, Tränen, aber auch von Hoffnungen und Optimismus. Mit der Zeit hatte ich mich so an die Analyse gewöhnt, daß ich mich nicht mehr von ihr trennen wollte. Sie gehörte zu meinem Alltag und gab mir Sicherheit. Aber auch das war von Dr. Köhler vorausgesehen worden, wie er mir später erzählte. In der Sprache der Psychologen nennt man diese Phase Ablösung.

Ich erinnere mich gut an unsere letzte Stunde. Die Couch war verschwunden, und zum ersten Mal saß ich Dr. Köhler direkt gegenüber. Wir vereinbarten, daß die Analyse mit dem heutigen Tag abgeschlossen sei, daß ich aber jederzeit bei ihm Hilfe finden würde, was ich auch in Anspruch nahm.

Der Rest ist schnell erzählt. Ich hatte mich teilweise von den Gespenstern meiner Kindheit lösen können, aber es brauchte noch viel Arbeit, bis ich davon ganz loskam. Meine Eltern waren inzwischen gestorben und hatten mir etwas Geld hinter-

lassen, das ich einsetzte, um meine Ausbildung nachzuholen. Heute bin ich mein eigener Herr und Meister und versuche, anderen Menschen, die in einer ähnlichen Lage sind, zu helfen. Ich bin heute niemandem mehr böse, meinen Eltern nicht und auch nicht meinen Lehrern. Sie waren in ihrer eigenen Rolle gefangen, konnten nicht anders handeln, und ich weiß, daß ich mich ihnen als Opfer angeboten habe.

Hier endete Axel Vogt. Ich möchte nachtragen, was er in seiner Bescheidenheit verschwiegen hat, nämlich daß er ein bekanntes Handelsunternehmen mit vielen Filialen aufgebaut hat und es erfolgreich führt. Niemand, der Axel heute kennenlernt, würde auch nur im entferntesten vermuten, daß er eine harte Jugend hatte. Um in der Sprache dieses Buches zu sprechen: Die Psychoanalyse hat ihm geholfen, sich von seinem »Kick-mich-Zettel« zu lösen.

Ich stellte auch ihm die Frage, was er anderen Menschen raten würde, die in einer ähnlichen Lage sind. Seine Antwort:

Ich empfehle jedem Menschen, der große Probleme hat, die er nicht mehr bewältigen kann, sich für eine Psychoanalyse zu interessieren. Heute kann Heilung sehr viel schneller und auch preiswerter erreicht werden, denn es sind im Therapiebereich große Fortschritte erzielt worden.

Wie der Glaube an Gott Bettina Roth half, ihren »Kick-mich-Zettel« zu neutralisieren

Bettina Roth hatte eine sehr schwere Jugend. Erst als sie erwachsen war und eigene Kinder hatte, erhielt sie die Chance, sich von ihrem »Kick-mich-Zettel« zu lösen. Diese Geschichte schildert ihren Lebenslauf und beschreibt die Erlebnisse, die ihr ermöglicht haben, sich von den schrecklichen Bildern ihrer Kindheit zu lösen. Heute ist Bettina Roth eine glückliche Mutter mit einer starken, positiven Ausstrahlung. Sie hilft andern Menschen, die in schwierigen Situationen sind, und findet Kraft im Glauben an Gott.

Das Interview mit Bettina Roth erstreckte sich über mehrere Stunden. Ihr Schicksal hat mich sehr berührt, die Schilderung ihrer Jugendjahre ging oft an die Grenze des für mich Zumutbaren. Ich bin heute noch davon fasziniert, daß die gleiche Person, die als Kind ganz unten durch mußte, heute eine lebensbejahende Frau und Mutter ist.

Bettina wurde als uneheliches Kind in eine feindliche Umwelt hinein geboren. Ihre Mutter war nie verheiratet, und Bettinas fünf Geschwister stammten von verschiedenen Vätern. Bettinas Vater war ein Trinker und oft gewalttätig. Die geistig behinderte Mutter mußte periodisch in eine psychiatrische Klinik eingewiesen werden. Als Bettina sie einmal dort besuchen wollte – sie war damals fünf Jahre alt –, packte die Mutter ein Messer und wollte ihr die Kehle durchschneiden, aber Bettina konnte sich in Sicherheit bringen. Wenige Jahre später verunfallte der Vater am Arbeitsplatz. Er fiel auf einen Metallträger, der in seinen Magen eindrang, und starb wenige Tage später. Daraufhin erlitt Bettinas Mutter einen weiteren Nervenzusammenbruch und wurde wieder in die Klinik eingewiesen, diesmal für längere Zeit. Das Sozialamt trennte die Familie und brachte die Kinder bei verschiedenen Verwandten unter.

Bettina kam zu einem Onkel auf einen Bauernhof und wurde vom ersten Tag an als unerwünschter Eindringling behandelt. Sie mußte, obwohl erst acht Jahre alt, vor und nach der Schule schwere Arbeit verrichten, und niemand kümmerte sich um sie. Wenn sie auf die Toilette ging, wurde sie beschuldigt, sich von der Arbeit drücken zu wollen. Bisher hatte sei immer versucht, durch Gehorsam und Unterordnung etwas Liebe oder zumindest Anerkennung zu erhalten, aber hier versagte auch dieses Mittel. Sie wurde einfach nicht zur Kenntnis genommen. Abends, während die anderen Familienmitglieder den Nachtisch aßen, wurde sie ins Bett geschickt. Als die Bauernfamilie genug von ihr hatte, wurde sie weggeschickt und kam zu einem Vetter, aber auch da fand sie keine Herzlichkeit. Das Klima war zwar weniger aggressiv, aber Liebe erhielt sie auch hier nicht. Ihre Stiefmutter sagte ihr einmal: »Wenn ich dich umarmen würde, würdest du an mir klebenbleiben, und das hätte ich nicht gern.« Die schlimmen Jahre ihrer Jugendzeit konnte die einsame Bettina nur verkraften, indem sie sich unterordnete, nicht aufsässig war, nichts verlangte und nichts erwartete. Dieser Zwang muß auf ihrem »Kick-mich-Zettel« gestanden haben.

Die Jahre vergingen. Mit Sechzehn lernte sie Mark, einen jungen Mann aus dem gleichen Dorf, kennen, ein Jahr später heirateten sie. Zum ersten Mal in ihrem Leben erfuhr Brigitte, was Liebe war. Die schlimme Zeit war vorbei, doch langsam tauchten die Schatten der Vergangenheit wieder auf und verfolgten sie. Sie litt unter Depressionen.

Hier stellte ich Bettina Roth die Frage, wie sie es trotzdem fertig gebracht habe, die Frau zu werden, die sie heute ist:

In meinem ganzen Leben habe ich immer Liebe gesucht, sie aber erst gefunden, als ich meinen Mann kennenlernte. Da erst fühlte ich mich als Mensch, nicht mehr als Sklavin, und schöpfte Hoffnung, daß das Leben vielleicht doch nicht so traurig sei. Aber immer wieder wurde ich von bösen Gedanken gepeinigt und hatte wenig Selbstvertrauen. Das änderte sich schlagartig, als ich Gott fand. Ich war zwar immer in die Kirche gegangen, aber nur weil ich mußte und ohne innere Anteilnahme. Aber eines Sonntags beim Gottesdienst spürte ich, wie mich der Heilige Geist berührte. Es war, wie wenn ich einen Schlag erhalten hätte, und von diesem Moment an änderte sich mein Leben. Eine innere Stimme sagte mir, daß ich nicht verantwortlich sei für das, was andere mir angetan haben, daß ich das hinter mir lassen und mich dem Heute zuwenden solle. Gott hält seine schützende Hand über unsere

Ehe, lehrt mich, wie ich meine Kinder erziehen soll, und gibt mir die Kraft, den Menschen, die mir Böses angetan haben, zu verzeihen. Die Sicherheit und Geborgenheit, die ich im Glauben finde, erlaubt mir auch, mehr Vertrauen in mich selbst zu haben. Ich fühle jeden Tag, daß Gott mich liebt. Es ist meine Verpflichtung, das Geschenk, das ich erhalten habe, weiterzugeben und andern Menschen zu helfen.

Sie sagte das mit einer so starken Kraft und Selbstverständlichkeit, daß kein Zweifel möglich war. Frau Roth geht zwar regelmäßig in die Kirche – jetzt mit mehr Freude als früher –, aber das sei nicht das Wichtigste, meint sie. Ihr Glaube sei getragen von einem starken Band zwischen ihr und Gott, und das gebe ihr Geborgenheit.

Zum Schluß des Interviews stellte ich auch ihr die Frage, was sie anderen Menschen sagen möchte, die jetzt in einer ähnlichen Situation sind. Ihre Antwort:

Wir können die Tatsachen nicht verändern, aber unsere Einstellung zu ihnen. Jede Situation, auch wenn sie noch so schlimm ist, hat auch eine positive Seite. Wenn wir diese finden, kann dies für uns ein Neuanfang sein.

Schlußwort

Hier am Schluß des Buches möchte ich Ihnen etwas gestehen. Warum investiert jemand Hunderte von Stunden in die Arbeit an einem Buch? Eine solche Anstrengung wird wohl nur ein Mensch auf sich nehmen, der selbst vom Thema betroffen ist. Es wird Sie kaum überraschen, liebe Leserin, lieber Leser, daß dies bei mir der Fall war; in diesem Sinn ist dieses Buch ein Erfahrungsbericht. Ich bin in meinem Leben immer wieder ausgenutzt worden, aber es ist mir gelungen, mich von meinen »Kick-mich-Zetteln« zu lösen. Geholfen haben mir dabei die Ideen, Anregungen und Beispiele, die ich in diesem Buch beschrieben habe.

Aber auch viele Menschen, denen ich auf meinem Lebensweg begegnet bin, haben mich dabei unterstützt. Ich bin ihnen unendlich dankbar und möchte mit diesem Buch meine Schuld etwas abtragen und das Erhaltene weitergeben. Dies war mein Motiv für die Niederschrift dieses Buches, denn ich bin der festen Überzeugung, daß wir verpflichtet sind, das, was wir erhalten haben, in irgendeiner Form weiterzureichen.

Ich freue mich, daß Sie mich bis hierher begleitet haben, und würde mich noch mehr freuen, wenn ich gelegentlich

von Ihnen hören würde. Ihre Gedanken zum Thema, Ihre Einsichten und Erfahrungen interessieren mich sehr. Sie erreichen mich im Internet unter der Adresse:
www.gideon.net
Briefe richten Sie an den Oesch Verlag, Jungholzstraße 28, CH-8050 Zürich. Der Verlag wird sie mir zusenden.

Zürich/Toronto, im Januar 2001 *Ihr Bruno Gideon*

Literaturverzeichnis

Bach, Edward: *Heile Dich selbst – Die geistige Grundlage der Original-Bach-Blütentherapie.* Hugendubel 2000.

Berkham, Barbara: *Die etwas intelligentere Art, sich gegen dumme Sprüche zu wehren.* Kösel, München.

Berne, Eric: *Spiele der Erwachsenen.* Rowohlt, Reinbek.

Carnegie, Dale: *Sorge dich nicht, lebe!* Scherz, Bern.

Coué, Emile: *Autosuggestion.* Oesch, Zürich.

Gideon, Bruno: *Die kleine Denkfabrik für Manager. 365 starke Gedanken.* Oesch, Zürich.

Gideon, Bruno: *Die Mokassins des Indianers.* Oesch, Zürich.

Glass, Lillian: *Mit mir nie wieder! 10 Methoden, mit Menschen umzugehen, die Ihnen das Leben schwer machen.* Oesch, Zürich.

Glass, Lillian: *Sprich doch einfach Klartext! Wie man selbstbewußt kommuniziert und die Initiative ergreift.* Oesch, Zürich.

Jackson, Angela: *Celebrating Anger.* Performance Plus, Toronto. Die deutschsprachige Ausgabe erscheint August 2001 unter dem Titel: *Jetzt habe ich genug!* Oesch, Zürich.

Lauster, Peter: *Selbstbewußsein.* Econ, München.

Lay, Rupert: *Führen durch das Wort.* Ullstein, München.

Lüscher, Max: *Signale der Persönlichkeit.* Econ, München.

Marden, Orison S.: *Wer sich viel zutraut, wird viel leisten.* Oesch, Zürich.

Murphy, Joseph: *Die Macht des Unterbewußtseins.* Ariston, München.

Peale, Norman Vincent: *Die Kraft positiven Denkens.* Oesch, Zürich.

Peter, Laurence J./Hull, Raymond: *Das Peter-Prinzip oder Die Hierarchie der Unfähigen.* Rowohlt, Reinbek.

Schredl, Michael: *Hör auf deine Träume.* Weltbild, Augsburg.

Wallimann, Silvia: *Das Wunder der Meditation.* Bauer, Freiburg i. Br.

Waitley, Denis: *Nur wer handelt, kann gewinnen.* Conzett/Oesch, Zürich.

Watzlawick, Paul: *Wie wirklich ist die Wirklichkeit?* Piper, München.